MARIE MALASSIS

Pénélope...
Plus jamais !

Synopsis

Changer, changer soi-même ou les autres, évoluer, se transformer... Changer c'est bien l'histoire de Maud. Sa vie est marquée de ruptures, de bouleversements petits et grands.
L'évolution d'une femme, de son enfance en Algérie, au crépuscule de sa vie à travers la France.

Comme Pénélope, elle vit les absences de son « Arthur –Ulysse », brodant des tapis. Elle ressemble alors aux femmes de cette époque, souvent soumise à un mari, par obligation, par éducation, par habitude plutôt que par choix ! Au fond d'elle brûle sa vrai nature mais peut-elle émerger de ce carcan !
Le changement sera géographique. De l'Algérie au Nord de la France, du nord au sud, avec intermèdes à Ibiza en Espagne continentale, aux Etats-Unis, à la Guadeloupe.
L'évolution sera psychologique et physique. Comment vit-on, épouse et mère, en étant niée comme femme ?
Simone de Beauvoir le définit parfaitement : « On ne naît pas femme, on le devient. » Maud, apprendra à devenir la femme qu'elle choisit d'être et non celle qu'on lui impose d'être. Le changement sera social. D'une vie bourgeoise, confortable, à un statut plus précaire. Etre propriétaire, diriger du personnel puis devenir le personnel d'autrui. Tout ça pourquoi ? Pour être libre...

Maud à déconstruit sa vie pour la reconstruire à son image, et tant pis s'il faut y laisser quelques plumes. Cela lui à permis de rencontrer les autres, y compris ses proches.
Cela lui à permis de ne pas désespérer de l'amour et de ne pas avancer dans la vie, dans l'aigreur, le regard figé dans le passé. Le quotidien est difficile, il ne peut donc qu'être meilleur. Il en faut de l'imagination pour inventer sa vie. C'est le choix de Maud. Ses parents, ses enfants, ses petits enfants, ses amours, tous ont été des morceaux de puzzle pour trouver son chemin.
Pratiquement aucun regret, un peu de nostalgie, mais surtout un humour qui vous décoiffe.
Il en faut de l'autodérision pour analyser les échecs le sourire aux lèvres.

Ce récit est un manuel de survie à l'usage des femmes qui ne se prennent pas au sérieux.

- Comment passer des voitures de luxe à une voiture d'occasion retournée par une tempête tropicale ?
- Comment échanger un mari coureur de jeunesse à un éphèbe de onze ans son cadet ?
- Comment passer d'une ferme de trois cents mètres carrés à un studio d'employé au fond du jardin ?
- Comment servir les autres en gardant sa dignité ?
- Comment croquer la vie à pleine dent par égard pour ceux que l'on aime et qui nous ont quitté trop tôt ?
- Comment refuser définitivement les roses rouges et surtout les rôles de Pénélope, quand il s'agit de rôles de composition

Chapitre 1

Rien ne prédisposait Pierre à rencontrer Louise.

Né à paris en 1912, orphelin à douze ans, il fut pris en charge par les cousins très aisés, bourgeois à l'extrême, mais sans cœur et le petit Pierre avait tellement besoin d'amour...

Ils le mirent dès l'âge de quatorze ans à l'usine où il travaillait sur les rouages de voitures. Lui, son certificat d'études en poche, qui pensait entreprendre des études, fut très déçu. Ses cousins n'avaient aucun scrupule et envoyaient leur chauffeur avec Bentley le prendre à la sortie de son travail, sous les quolibets des autres ouvriers.

Dès qu'il eut seize ans, il partit vivre chez sa grand-mère à Bondy. Légèrement impotente, il l'aidait dans les tâches les plus dures. Elle possédait également une petite boutique d'objets de piété à Lourdes. L'été, dès que la saison touristique débutait, ils partaient jusqu'en octobre.

Pendant ses temps de repos, Pierre enfourchait sa bicyclette et s'entraînait à grimper tous les cols de ces jolies Pyrénées. Le vélo était une grande passion.

A l'automne, tous deux remontaient vers Paris. Il avait trouvé une place de coursier au B.H.V. Grâce à son vélo, connaissant chaque raccourci pour éviter la circulation, il reçut une promotion. Son sérieux avait été remarqué. Il devenait magasinier.

Comme chaque début d'été, ils descendirent tous deux à Lourdes.

Un après-midi, il vie entrer un couple accompagné de deux belles jeunes filles : une brune et une blonde. Chapeautées à la dernière mode, très bon chic bon genre, il regarda d'abord la blonde, puis en bon commerçant, il leur vendit médailles et chapelets.

Le lendemain, il eut la surprise de voir entrer les deux jeunes filles seules, toujours aussi pimpantes, fraîches et jolies. Cette fois-ci, il s'attardât sur la brune. Elle lui semblait plus réservée, plus douce. Ils engagèrent la conversation et il apprit avec surprise qu'elles habitaient en Algérie.

Nous étions en 1933.

- « L'Algérie ? Vous côtoyez les lions ? Les sauvages ? Quel courage !!...

- Mais non, nous sommes dans un magnifique pays, en plein essor, sans lions, ni sauvages, répondirent-elles en se moquant de ce mignon parigot ! »

D'une parole à l'autre, ils échangèrent leurs adresses. Il connut leurs prénoms.

L'aînée, brunette se prénommait Louise, la cadette suivait des cours à l'école normale pour devenir institutrice. Pierre en resta bouche bée, et tomba amoureux tout de suite de Louise. Elle semblait prête à lui donner tout l'amour et la tendresse qui lui manquaient depuis vingt ans.

Il remonta à Paris. Elles repartirent dans leur jungle !... Et ils s'écrivirent des cartes, des cartes, rien que des cartes.

Les premières furent très pudiques du côté de Pierre, et encore plus calmes du côté de Louise. Il lui expliquait Paris, ses courses cyclistes, la vie simple avec sa grand-mère. Elle lui racontait ce pays inconnu au-delà de la méditerranée, plein de soleil, la vie à la ferme de ses parents.

Puis les cartes passèrent du « vous » au « tu » et un jour, il osa lui déclarer son amour. Il désirait la demander en mariage.

Trois mille kilomètres les séparaient. Pas de portable, pas de télévision, mais des appareils photos et des cartes postales.

Pierre toujours magasinier s'entraînait de plus en plus afin de pouvoir écrire à Louise tous ces bonheurs qu'il trouvait en gagnant une course comme Bordeaux-Paris ou Paris-Roubaix. Il lui envoyait les photographies pour qu'elle comprenne sa passion. Il était beau... comme un coureur cycliste. Pas un brin de graisse, des muscles longs partout, bref, un corps sain dans une tête bien pleine. Car il en avait des idées pour sa petite Louise.

Ils se marièrent en Algérie dans un tout petit village appelé Berriche. Puis il emmena sa femme en France pour lui faire connaître son Paris.

... Et Maud arriva dix-huit mois après. Ils habitaient rue Marcadet, près de Montmartre, au septième étage sans ascenseur. Aucune importance, Pierre montait d'abord le landau, dévalait les marches et grimpait à nouveau son cher vélo et les commissions.

Pour arrondir leurs fins de mois, il participait à des nocturnes sur piste au vélodrome d'hiver. Chaque victoire apportait une prime et Pierre était souvent vainqueur.

Plus tard, beaucoup plus tard, il emmena sa petite fille Faustine dans le quinzième arrondissement au restaurant d'André Pousse. Et là, avec fierté il lui montra les photos prises à l'époque, sur lesquelles elle le reconnut.

Des bruits de guerre arrivaient. Pierre allait être mobilisé, Louise attendait un second bébé. Ils convinrent que la petite famille serait plus à l'abri de l'autre côté de la méditerranée, dans cette ferme paternelle si accueillante.

Maud ne comprenait rien aux larmes de ses parents, toujours si pleins de bisous et de tendresse. Il quitta ses deux amours, déchiré, mais rassuré sur leur sort.

La petite sœur vit le jour en Algérie en 1939, aussi blonde que Maud était brune, toute fine. De grands yeux bleus, comme le ciel de son pays, illuminaient un visage chérubin. Le temps passait à la ferme. Les cartes de Pierre étaient attendues avec impatience.

C'était la guerre ; Maud ne comprenait pas grand-chose aux mines tristes de la famille, l'oreille collée à une TSF crachouillant de mauvaises nouvelles.

Pierre vint les voir, le temps trop court d'une permission et hop ! Louise attendait un nouveau bébé. Nous étions en 1941. Maud avait quatre ans, Jane deux ans.

Une nouvelle petite sœur pointa le bout de son nez. La famille s'agrandissait. Pierre écrivait des cartes et encore des cartes à ses quatre chéries qui lui manquaient tant.

Enfin, vint la fin de la guerre. D'un commun accord, ils restèrent dans ce beau pays où Louise était née trente années plus tôt.

Le père de Louise, militaire de carrière, breton de la Bretagne profonde, l'Ille et Vilaine, avait été muté à Mers-el-Kebir, avec sa famille. C'est là que Louise naquit en 1911. Eux aussi, aimèrent ce coin d'Afrique et décidèrent d'abandonner la Bretagne, pittoresque certes, mais pluvieuse, pour ce pays qui se construisait.

Il y faisait bon vivre au milieu des senteurs d'épices et d'une foule bigarrée mais oh ! combien sympathique. Les différentes communautés se côtoyaient et vivaient en bonne intelligence. Les enfants attrapaient de drôles de petites bêtes dans la tête, les femmes du pays expliquaient à la grand-mère comment s'en débarrasser. Elles avaient toutes trois de magnifiques chevelures, donc pas question de couper de si beaux cheveux, tout le monde à la « Marie-Rose » !!!...

Louise et Pierre laissèrent la ferme et s'installèrent en bord de mer, dans une ville toute blanche : Bône, avec leurs trois fillettes. Ils n'étaient pas très riches, mais vivaient dans l'amour et le respect des autres.

Jusqu'au jour où ils faillirent perdre leur petite Jane. Elle fut sauvée par miracle, mais ils quittèrent très vite cette ville. Ils s'installèrent à Constantine, cité très pittoresque des hauts-Plateaux, à sept cents mètres d'altitude. Cinquante degrés l'été, cinquante centimètres de neige l'hiver : le paradis.

Pierre cessa son travail de magasinier mais pas ses courses cyclistes. Il passa plusieurs concours et termina sa carrière comme commissaire de police.

Chapitre 2

Maud était une petite fille tranquille. Etant l'ainée, elle supportait très bien le fait d'avoir certaines responsabilités.

Dès que sa maman l'appelait, elle répondait à la seconde ; non pas qu'elle eut peur des réprimandes, mais jamais l'idée ne lui serait venue de désobéir ou de faire attendre sa mère. Cette dernière surchargée de travail avec ses trois filles se suivant à deux ans d'intervalles, cousait pour les clients, afin d'arrondir le budget familial.

Elle vivait donc sa vie de petite fille normale, non pas modèle, car de temps en temps, il lui arrivait de faire quelques bêtises. Elle les masquait en étant encore plus obéissante.

Tout se passait bien. La vie s'écoulait douce, tranquille, entre deux parents aimants. Son papa était son Dieu vivant, beau, gentil, jamais un cri ni envers sa femme, ni envers ses filles. Il levait les yeux et Maud savait ce qu'il désirait. Une union quasi mystique existait entre eux deux.

Les années se suivaient dans le calme, la douceur et le respect, sous un beau ciel bleu, dans les odeurs subtiles qui se mêlaient aux cris des marchands ambulants.

Un jour elle apprit qu'un bébé nouveau allait arriver.

Comment ? Par quel mystère ? On ne parlait de rien à la maison. Sa maman avait grossi, il est vrai. Elle allait un peu moins vite dans ses tâches ménagères et Maud qui allait sur ses treize ans, l'aidait du mieux qu'elle pouvait.

Elle s'occupait de ses deux jeunes sœurs, plus particulièrement de Jane, toujours sur les genoux de sa maman. Anne, sage comme une image ne lui causait aucun problème. A l'époque, on ne faisait pas de différence, même si parfois, les bêtises de la cadette auraient mérité punition, qu'elle ne recevait jamais !! Plus tard, elle apprit que Jane avait failli mourir et depuis sa maman la couvait comme un petit oiseau fragile.

Mais revenons à l'événement du moment. Elle vit sa mère s'activer, préparer une valise, ranger la maison où rien ne traînait. Maud la surprit avec ses rondeur agenouillée devant la baignoire pour effectuer la dernière lessive avant de partir.

Tout devait être propre, net. Elle s'essuyait souvent le front perlé de gouttes de sueur, s'appuyait contre le mur, pour reprendre son souffle, puis à nouveau, frottait son linge, toujours d'une blancheur de neige. Et elle partit.

Les petites filles ne la virent pas. Le matin Maud, une petite sœur à chaque main, les emmena à l'école, comme chaque jour. Toujours sur le même trottoir, et pas une main ne devait lâcher la main de sœur aînée.

Au retour, le soir, le papa Dieu les fit asseoir. Il se dandinait sur sa chaise. Ses grandes et belles mains fines caressaient les longues chevelures de ses trois filles. Finalement, il se lança.

- Vous avez un petit frère. Il est beau, s'appelle Luc et sera votre nouveau bébé.

Maud resta coite. Ses sœurs, plus jeunes, ne comprenaient pas très bien et sous la foule de questions qui se mirent à fuser, il s'esquiva.

- Demain, nous irons le voir et maman vous expliquera.

D'explications, il n'y en eut pas. Comprenne qui voudra. Mais elles étaient si heureuses, ils étaient tous si contents...

La vie reprit avec un bébé de plus... à la maison. Ils se serrèrent et trouvèrent la vie encore plus belle. Pas un mot lorsque bébé dormait et une admiration folle lorsqu'il tétait leur maman aux seins lourds et généreux.

La petite famille grandissait dans l'amour et la sagesse. Une famille toute simple, sans histoire, tirant un peu le « diable par la queue », mais ne manquant jamais de l'essentiel.

Personne ne se plaignait jamais. Maud travaillait consciencieusement son piano. Jane faisait couiner son violon et Anne s'évertuait à tenir droite sur ses chaussons de danse. Elles allaient toute les trois au Conservatoire, pour leur plus grand bonheur.

La vie s'égrainait calme avec les cris de bébé garçon, petit prince de la maison. Maud s'en occupait comme son fils. Elle avait quinze ans et si rien n'avait filtré du côté de sa maman, elle savait maintenant comment était arrivé ce petit bonheur !... Car au lycée on apprend bien d'autres choses que la trigonométrie et les verbes irréguliers. C'était une jeune fille et elle savait que les bébés ne naissaient pas dans les choux ou les roses !!...

D'ailleurs, elle-même commençait à ressentir certains émois. Son lycée n'était pas mixte, mais à la sortie des cours, elle rusait pour parler aux garçons, encore plus timides que les filles.

Elle était mignonne. Toute fine, de longs cheveux noirs comme l'ébène lui tombant jusqu'aux reins, de grands yeux vert-oranger, deux petits seins pointant sous ses pulls et qu'aucun soutien-gorge ne venait entraver, faisaient tourner la tête à pas mal de garçons.

Son premier béguin fut le fils d'un gendarme. Il l'attendait à la sortie du lycée et sous prétexte de lui demander une aide pour ses dissertations, il lui proposa de résoudre toutes ses équations d'algèbre !... Les devoirs terminés, il la raccompagnait bien sagement, en se gardant bien d'aller jusque devant sa porte.

Un après-midi, patatras !!... Ils descendaient le boulevard, comme d'habitude, lorsque la foudre tomba sur le pauvre garçon. En l'occurrence, la maman de Maud lui cassa un parapluie sur la tête... Pourtant il ne faisait aucun mal, côte à côte sans se toucher, ils marchaient et parlaient...

Le garçon détala comme un lapin, la peur au ventre et Maud, tremblant de tout son corps crut sa dernière heure arrivée. Elle fut privée de sorties pendant un mois et ne revit plus jamais son premier amour...

Sa sœur cadette, blonde comme les blés, les yeux azur, une taille qu'une guêpe aurait pu envier, était toujours sur ses talons. Elle avait un succès fou auprès de « la gent masculine ». Mais elle, ne se faisait jamais gronder !

Malgré tout, il n'y eut jamais de rivalité, de jalousie entre les deux sœurs. Maud était toujours là pour s'occuper de petite Jane fragile, mais coquine, et qu'elle eut huit ou quinze ans, pour elle, aucune différence n'existait.

Depuis quelque temps, Maud était courtisée par un vieux... d'au moins dix-neuf ans !!... Le sourire ravageur, les yeux langoureux, la parole facile : « Arthur ».

Chaque matin, elle passait devant la pâtisserie du quartier. Il était là. Elle avait droit à un regard appuyé et même... osé, suivi d'un petit œil en coin ironique. Jusqu'au jour, où il lui remit sans un mot, un petit paquet tout chaud dans la main. Elle le serra contre elle, mais ne s'arrêta pas, ne remercia pas ! Le coup du parapluie cassé, était encore présent dans sa mémoire.

Dès le coin de la rue passée, elle ouvrit son petit trésor et découvrit un pain au chocolat, croustillant humant le bon beurre. Elle le porta à ses lèvres et le dégusta sur le bord du trottoir, lentement, posément, ramassant chaque miette tombant sur son tablier rose.

Et voila comment débuta l'histoire de Maud et Arthur son pâtissier, qui dura trente-cinq ans...

Chapitre 3

Maud voyait arriver sa seizième année avec impatience...

Elle travaillait particulièrement bien en classe. Le baccalauréat arrivait, il ne s'agissait pas de le rater.

Elle devait également réussir sa dernière année de solfège, composition musicale et histoire de la musique. Mais côté Conservatoire, elle n'avait aucune inquiétude. Tout ce qu'elle apprenait la passionnait.

Arrivèrent les résultats ! Comme tous les étudiants de cet âge, elle se faisait quelques soucis.

Pourtant elle réussit avec un dix-neuf en philo et... un point en mathématiques !!... Elle sut par la suite que le zéro étant éliminatoire, ce point lui avait été accordé pour l'encre usée et surtout la sueur de la peur... Bonne en italien, excellente en anglais, les notes de l'année jouèrent en sa faveur. Elle avait réussi.

Dans la foulée, elle reçut son premier prix de solfège, histoire et composition musicale avec mention « très bien ».

La récompense arriva de suite.

Ses grands-parents maternels, cultivateurs dans le bled, partaient tous les deux ans en cure thermale en France. A tour de rôle, ils emmenaient un de leurs neuf petits enfants.

Cette année 1953, était le tour de Maud. Folle de joie, elle se préparait. Même si sa grand-mère Marie, à l'éducation très stricte, lui faisait un peu peur, elle bondissait autour de la valise arrangée par sa maman.

Ils prirent le bateau, puis le train, mirent trois jours pour enfin arriver à Barbazan haut lieu thermal des Pyrénées. Ils visitèrent Saint-Bertrand de Comminges, montèrent au cirque de Gavarny, allèrent prier à Lourdes, endroit incontournable pour la grand-mère....

Chaque jour ils se rendaient aux thermes pour leur cure, laissant Maud se promener dans le parc. Interdiction de sortir de ce périmètre. Elle obéissait, comme on lui avait toujours appris.

Inutile de feinter, la mémé Marie avait l'œil partout, ne ratait rien !!...

Un après-midi, elle entendit de la musique dans un salon de l'hôtel. Curieuse, elle s'approcha et vit des jeunes filles de son âge, allant et venant sur un podium, écoutant les conseils d'un manager.

Intriguée, elle s'assit au fond de la salle, observant les demoiselles virevolter au rythme de la musique. Un homme s'approcha :

- Cela vous intéresse ? Vous pouvez monter sur la scène, et marcher simplement comme les autres.

- Non, mes grands-parents n'apprécieraient pas !

Après lui avoir expliqué que cela n'était qu'un jeu, elle voulut bien essayer. Elle marchait, tournait, virait, esquissait une petite révérence, tout sourire, les yeux pétillants, prenant plaisir à cet intermède anodin.

- Ce soir, élection de « Miss Barbazan Thermes » pour ensuite concourir au titre de Miss France ! Si vous vous présentez, j'ai la conviction que vous serez élue !!...

- Elue à quoi ? Pour faire quoi ? Mes grands-parents n'accepteront jamais.

- Nous les déciderons...

Alors là, ils s'attaquaient à une rude tâche, pensa-t-elle in petto.

Et pourtant, le soir, elle était sur le podium... Elle avait revêtu sa plus belle tenue cousue par sa maman : une jupe à grands carreaux rouges et verts, tout à fait banale (!), les genoux couverts (!!), un petit chemisier « collé-monté » très sage. Mais ses longs cheveux lourds, ondulés, lui tombant sur les reins, son visage frais, sans l'ombre d'un maquillage (défendu par la mémé), ses yeux mordorés et son sourire éclatant de joie firent fureur.

Elle obtint la majorité des voix. Le comité voulut l'inscrire pour l'élection de Miss France ! Mais là, mémé Marie mit le holà ! Très vite.

- Pas question, nous retournons chez nous, avec notre petite fille !!...

Et elle rentra dans son beau pays, affublée d'une belle écharpe blanche et bleue : « Miss Barbazan 1953 ».

La tête d'Arthur ne fut pas aussi joyeuse qu'elle l'aurait pensé...

Chapitre 4

Elle avait dix-huit ans, lui presque vingt. Elle n'en fut pas amoureuse tout de suite. Elle entrait dans un jeu qu'elle ne connaissait pas encore. Naïve, elle se tenait sur ses gardes. Arthur voyant que ce tendron ne tomberait pas de suite dans ses bras, mit les bouchées doubles pour la séduire et il savait comment s'y prendre le bougre...

Six mois après les fiançailles avaient lieu. Maud, une belle bague à l'annulaire gauche, pouvait sortir avec Arthur... légalement. Sa maman était rassurée ! Elle faisait entièrement confiance à ce jeune homme de bonne famille qui sut l'embrouiller à la seconde.

Coïncidence, Arthur jouait du violon, fort bien d'ailleurs. Donc, duo à la maison, porte fermée (!) pour ne pas être dérangés par les curieux... surtout bébé prince.
Du haut de ses cinq ans, il avait très vite compris que cet intrus, s'occupait un peu trop de sa seconde maman.

Arthur eut tôt fait d'acheter ce petit garnement à coup de sucettes ou autres confiseries. Ainsi il avait la paix avec sa dulcinée.

Jane, devenue une belle adolescente, Maud « s'occupait » maintenant d'Anne.

Le soir, après ses cours au Conservatoire, elle rejoignait sa petite sœur au théâtre et regardait évoluer les ballerines gracieuses et fines. Anne dansait très bien et devenait de plus en plus belle.

Depuis peu, un danseur du corps de ballet de Lyon, s'était joint à la troupe. Militaire appelé pour la guerre d'Algérie, durant ses heures de permissions, il se rendait au théâtre pour entretenir son art.

Toutes les danseuses en étaient amoureuses... Anne lui tournait autour, discrètement, ses grands yeux bleus pervenche émerveillés. Son cœur commençait à battre, les premiers émois arrivaient.

Jerry l'avait remarquée également. Elle sortait du lot de toutes ces gamines écervelées. Peut-être par sa réserve, sa politesse, mais surtout par sa beauté juvénile.

Le jour de ses quinze ans, il l'entraîna vers la ville et lui roula un vrai baiser d'... anniversaire !! Son premier baiser d'amour, pas comme au cinéma, non ! Un vrai baiser comme elle en rêvait. Il flirta gentiment quelques jours avec Anne, puis passa à autre chose... A qui ?

A Maud ! L'ayant aperçue avec sa sœur, il apprit qu'elle accompagnait au piano certains cours de danse classique, récompense suprême pour les meilleurs élèves préparant leur premier prix de l'année.

Il commença par l'aborder poliment, puis vint s'asseoir à ses côtés, pendant qu'Anne s'évertuait à tenir droite sur ses pointes... Un soir, il osa lui prendre la main et il entreprit une cour assidue, mais très « pudique ».

Ils tombèrent fous amoureux l'un de l'autre. Maud lui répétait sans cesse :

- J'ai une bague au doigt, je vais me marier.

Rien n'y faisait.

Il faut dire que Jerry se trouvait à mille années lumières d'Arthur. Sa façon de lui parler avec déférence, douceur, lui quémandant un baiser sans l'obliger. Il n'arrivait pas en conquérant, mais essayait de la conquérir.

Cela changeait de son fiancé macho, sûr de lui et de son emprise sur elle.

Est-ce que Maud se rendait compte du charme fou qu'elle possédait ?

Sûrement pas, elle ne se posait aucune question. Ils trouvaient toujours des plages de temps pour se rencontrer. Maud, timide, tremblante que l'on découvre leur amour platonique, mais oh ! combien irrévérencieux de par son éducation stricte, rusait pour voir « son Jerry ». Ils y arrivaient.

Anne ayant compris que la primeur avait été pour sa grande sœur, ne lui en tenait aucune rigueur. Et pour cause, elle détestait le fiancé de Maud...

Lors d'une permission d'Arthur, Maud, après une dispute assez violente, nullement méritée, lui rendit sa bague. Elle n'en voulait plus. Elle ne supportait plus sa jalousie maladive.

Comment ? La robe de marié est commandée. Tu es le déshonneur de la famille, lui assénait sa mère.

Je ne veux plus. Il est jaloux et méchant.

Arthur avait trouvé en furetant dans les partitions de Maud, une photo dédicacée de Jerry !! Fou de rage, il l'avait jetée dans son four à pâtisserie. Elle vit le papier glacé fondre sous ses yeux.

Elle le détestait ! De quel droit brûlait-il une photo ne lui appartenant pas ?

Mais sa mère ne l'entendait pas de cette oreille.

Tu te marieras selon les convenances. Tu es en âge d'avoir des enfants et d'assumer ta vie.

Elle quitta Jerry.

Rien n'avait été consommé, si ce n'est quelques baisers brûlants... Son éducation stricte continuait ...

Chapitre 5

Le jour de son mariage, quelques mois après, elle sortait de l'église au bras d'Arthur. Près des fonts baptismaux, elle aperçut son amour perdu. Des larmes coulaient sur ses joues, leurs regards se croisèrent... c'était fini.

Maud n'osait pas encore faire sa révolution. Il était trop tôt et ce fut bien dommage.

Deux ans plus tard, une belle petite fille naissait, Luce et douze mois après Maud se retrouva de nouveau enceinte.

Elle ne vit pas arriver la catastrophe. Arthur partait de bonne heure et rentrait souvent très tard de son travail.

Et puis, bien qu'attendant un deuxième bébé, Maud travaillait également huit heures par jour à la Préfecture comme secrétaire.

Petite fille ainée était gardée par sa Mamy Louise. Sage comme une image, toujours le sourire. C'était une bénédiction pour ses grands-parents. Bébé Prince qui avait maintenant dix ans, jouait au protecteur avec sa nièce.

Chaque matin, en passant pour se rendre au bureau, Maud prenait son petit pain au chocolat... Elle repartait le cœur en joie du baiser enflammé donné par Arthur.

Elle trottinait, un peu lourde de sa grossesse, mais heureuse de l'amour que lui dispensait son mari. Jusqu'au jour où on lui apprit insidieusement qu'elle n'était pas la seule à profiter d'une petite douceur chaque matin...

La première stupeur passée, elle réfléchit. Et entra dans sa vie, dans son cœur, dans ses tripes, un sentiment inconnu : la jalousie.

Ayant vécu une jeunesse après de ses parents aimants, amoureux, sans cris, sans tapage, la voilà confrontée à une situation qu'elle ne géra pas très bien, tout de suite.

Elle devint suspicieuse, hargneuse, coléreuse. Aux aguets du moindre fait pouvant prouver le bien-fondé de ces « on-dit ».

Malheureusement, après quelques semaines de tourments, la vérité lui apparut sèche, crue. Son amour la trompait honteusement avec une petite dactylo travaillant à l'étage juste au-dessous de son bureau. Donc elles se connaissaient au moins de vue ? Quelque chose se tordit dans son ventre. Qu'allait-elle faire ? La tuer ? Le tuer ? Les trucider tous deux ?

Sa vie devint un enfer. Première chose, libérer cette boule au creux de son estomac. Agir, agir vite.

Au bout d'une journée, elle connut le nom de cette dévergondée, passa trois fois devant son bureau, trimbalant son gros ventre en lui parlant.

Toi tu ne bouges pas, tu ne me lâches pas. Nous allons agir et réagir à deux.

Bébé eut l'air de se faire plus lourd que d'habitude. Un petit pied tambourinait, elle sentait des tressautement sur son côté. Mais rien n'arrêterait Maud.

Et là, bassement, attendant l'objet de son tourment à la sortie de dix-huit heures, elle lui asséna la tannée de sa vie, la roulant par terre, lui donnant des coups de pied. Ne pensant même plus au bébé qui s'était calmé.

Laissant sa rivale à terre, elle tourna le dos et partit d'un pas ferme, la tête haute. Les larmes coulaient le long de ses joues, mais elle ne s'apercevait de rien. Soutenant son ventre, elle marchait plus vite. Les gens se retournaient sur le passage de cette femme, prête à accoucher, trottinant, haletante.

Sans ralentir, elle se pressait. Elle devait récupérer Luce, la serrer dans ses bras, la couvrir de baisers, tout en causant doucement à Bébé à venir.

Que lui arrivait-il ? Leur image s'imposa à son esprit. Son papa adoré et chéri, n'avait jamais agi de la sorte, respectant trop la mère de ses enfants.

La pauvre Maud qui avait toujours pensé à l'intégrité des hommes, se référant à son idole : son père. Quelle désillusion !

Elle récupéra sa Fille aînée, sans un mot à sa mère, qui d'ailleurs ne lui demanda rien non plus et repartit vers chez elle.

Elle avait trente minutes de marches pour y arriver. Elle poussait le landau. Pour l'instant tout se bousculait.

Qu'avait-elle fait de mal pour subir pareille peine, pareil affront ?

Aucune réponse ne lui vint à l'esprit.

Enfin, la voila en vue de son toit. Elle va pourvoir s'y terrer, comme une louve avec ses petits. Elle ne les lâchera pas. Cette épreuve la rapprocherait de ses enfants. Elle ne s'était pas encore rendue compte combien ses bébés étaient sa chair, ses entrailles, son air pour respirer.

Et surprise, devant sa porte, elle retrouvait sa rivale (!!...) et son Arthur. Ils se tenaient par la main.

Avant d'avoir pu ouvrir la bouche, Arthur commença par la traiter de tous les noms d'oiseaux connus et froidement lui asséna :

- C'est elle que j'aime. Et puis toi, tu es trop vieille et trop laide avec ton gros ventre !!

La tête lui tourne, ne répond rien et s'écroule. Elle se réveille dans un cabinet médical, son père lui tient la main, lui parle doucement, l'embrasse sur le front.

Alors tout lui revient ! Sa journée, le scandale dans la rue et l'horrible révélation du père de ses enfants.

Son enfant ? Elle touche son ventre affolée. Ses yeux questionnent ? Père chéri la rassure :

Tout va bien, bébé a tenu le choc !!

La suite peut tenir en un roman ou en trois lignes ! Ce sera trois lignes.

L'affaire s'arrangea. Il y a quarante ans, on ne divorçait pas aussi facilement. Tous les parents s'y mettent et Arthur rentre au bercail, ne s'excuse même pas, laisse tomber sa maîtresse, qui d'ailleurs a une peur bleue de Maud et en fait une jaunisse...

Et bébé courageux arrive.

Elle est aussi blonde que Luce est brune. Ses grands yeux bleus, son front volontaire, son sourire enjôleur, font de suite penser à son papa.

Les voilà à nouveau en famille reconstituée. Maud quitte son travail à la Préfecture, rejoint son mari à la pâtisserie. Les filles grandissent, le printemps arrive. Bébé ainée marche seule et s'occupe de sa petite sœur.

Le calme semble être revenu. Pour combien de temps ? Elle réfléchit souvent à ce premier coup de tonnerre... Elle était déjà trop vieille à vingt-quatre ans ! Et oui, puisque l'autre en avait dix-huit !

Chapitre 6

Habitant dans un pays où le temps semblait couler doucement, même si des bombes éclataient, si le climat était au pessimisme, Maud profitait de la vie, de ses adorables filles. Etant d'un naturel optimiste, elle s'en remettait au destin.

Tout allait se précipiter en peu de mois. Un jour, ce fut le grand départ, le grand déchirement. Il fallait quitter ce continent, ces odeurs, ses amis, ses habitudes et partir vers leurs origines : la France.

Elle le fit courageusement comme le million de français. Avec ses deux bébés accrochés à ses jupes et « enfant-prince » qui était devenu un bel adolescent, ils prirent un bateau plein à craquer. La traversé fut pénible. Les passagers pleuraient, se serraient les uns contre les autres. Maud ne quittait pas ses filles du regard, son petit frère la consolait du mieux qu'il pouvait, se comportant comme un vrai petit homme.

A Marseille, Maud était attendu par le beau-frère d'Arthur.

En accostant, elle vit un monde grouillant sur le quai. Cela courrait dans tous les sens. Elle cherchait des yeux Henri. Il devait être là. Il avait promis.

Elle n'arrivait pas à mettre un pied sur la passerelle, à quitter ce bateau qui la reliait encore à son beau pays. Finalement, poussée par d'autres voyageurs, elle s'engagea portant Luce dans ses bras, une grosse valise à la main. Son frère tient serré contre lui le couffin dans lequel s'est endormie Yveline et de gros paquets plus lourds que lui.

Au bas de la passerelle, une nuée d'infirmières et de bénévoles de la Croix-Rouge se précipitent sur eux pour leur enlever les fillettes. Elle se débat, folle de terreur, refusant et repoussant toutes les personnes de bonne volonté.

- Elle est attendue. Elle est attendue, répète-t-elle inlassablement au bord de l'hystérie.

Ils arrivent enfin à sortir de cette foule, non sans peine et se retrouvent dans une grande salle toute aussi encombrée, mais point d'Henri à l'horizon.

Reprenant tout son petit monde, les bagages, les paquets, elle sort et s'engouffre bêtement dans un taxi.

Ouf ! plus de bruit, plus de bousculade, le calme. Maud était claustrophobe, aussi bien dans une pièce fermée qu'au milieu de la foule. Le taxi la rassurait. Yveline s'était réveillé et criait à tue-tête.

Elle avait certainement faim. Le débarquement avait duré plus de trois heures. Il faisait nuit noire et nous étions le 1er juillet 1962 !!

- Nous allons où ? Elle redescendait sur terre. Le taxi s'impatientait.

- A Bédarieux.

- Bédarieux dans l'Hérault ? Mais nous sommes à Marseille ma p'tite dame !

- Oui Bédarieux.

Les taxis, Maud en avait pris très peu. A Constantine, c'était plutôt les bus ou les autocars. Elle n'avait aucune idée des kilomètres à parcourir, ni du coût.
Bien allons y !...

Au bout de deux heures trente de routes, de lacets, de montées, de descentes, ils arrivèrent enfin et à l'énoncé du prix de la course, elle comprit sa bêtise, mais un peu tard !

Elle paya cher, très cher, trop cher, sa cagnotte fut bien écornée.

Elle tomba dans les bras de la sœur d'Arthur, riant et pleurant à la fois.

Henri est à Marseille, pourquoi avoir pris un taxi ?

Ils voulaient m'enlever mes enfants. Ils allaient me les prendre.

A la vue de son désarroi, la sœur d'Arthur la calma. Henry arriva, ne fit aucune remontrance, la voyant à bout de force. Ils furent d'une gentillesse que jamais Maud n'oublia. Cette petite famille désorientée, sans chef de famille pour la guider, les laissaient sans voix, seuls les gestes comptaient.

Arthur, lui, avait quitté le pays un mois avant...

Nous nous retrouverons de l'autre côté lui avait-il lancé en montant dans une voiture inconnue.

Une nouvelle vie commençait. Ce pays, la France, qu'elle ne connaissait presque pas, bien qu'étant née à Paris, lui paraissait hostile. Le ciel ne semblait pas aussi bleu que de l'autre côté. Les gens les regardaient comme des bêtes curieuses !
Mais à vingt-quatre ans la vie est devant soi. Les filles grandiraient sur la terre de leurs ancêtres...

Elle se fit une promesse. Il n'y aurait plus jamais rien d'elle sur ce sol qui lui paraissait inhospitalier. Plus d'enfant. Jamais !

Chapitre 7

La petite famille resta quelques temps à Bédarieux, puis Maud s'installa chez ses parents, en attendant qu'Arthur trouve du travail.

Pour l'instant, la haine le portait. Il avait quitté le pays où trois générations étaient nées, plus une quatrième, celle de ses filles.

En laissant tout, ses amis, son travail, sa pâtisserie, sa maison, il laissait aussi son cœur. Cela ne se passait pas bien dans sa tête, il était nerveux, déraciné.

Maud en supportera les conséquences pendant vingt-cinq ans.

Au début, très courageux, bon ouvrier, il crut qu'en poussant une porte on l'accueillerait comme le meilleur ouvrier de France et de Navarre. Mais, de ce côté de la Méditerranée, tout était différent. Il était un étranger. Pourtant son grand-père, son frère avaient combattu dans les Dardanelles et connu la ligne Maginot !!

Il laissait derrière lui sa maman, morte à la suite d'un attentat. Ses frères et sœurs disséminés aux quatre coins de l'hexagone. Rien n'allait plus... Il prit son violon, monta dans sa voiture, laissa Maud chez ses parents avec les fillettes et partit sur la côte d'azur. Là, pendant quelques mois, il fit la manche aux terrasses des cafés. Il connut d'autres musiciens, jouèrent ensemble...

Enrico Macias, eut plus de chance que lui en grattant sa guitare « Oh qu'elles sont jolies les filles de mon pays !! ».

Lui, malgré les recettes qu'il récoltait, ne pouvait pas nourrir sa petite famille. Bien sur, elle avait un toit et les parents ne lui demandaient rien.

Il eut une proposition de cousins revenus eux-aussi d'Algérie. Ils prospectaient pour acheter un commerce. Pourquoi pas une pâtisserie ?

Et voila Arthur, les rejoignant en Haute-Savoie. Le bout du monde pour Maud. Sans un sou, n'ayant pas eu le temps de faire fortune dans ce pays soi-disant de cocagne !! A vingt-six ans, il devait tout recommencer dans ce pays glacial, moins quinze l'hiver.

Adieu soleil, chaleur et douceur de vivre.

Il était seul, loin de sa femme. Ce qui devait arriver, arriva. Il rencontra une jeune fille. Comment ? Maud ne le sut jamais... Il lui conta fleurette, elle le présenta à ses parents et ... ils se fiancèrent !

Est-ce possible ?

Avec Arthur tout était possible. Il la présenta à sa sœur, qui avait immigré en

Suisse avec son mari. Il leur raconta qu'avec Maud cela n'allait plus et qu'il comptait refaire sa vie.

Cet homme était un mythomane. Ce qui ne l'empêchait nullement de téléphoner tous les trois ou quatre jours à Maud, lui disant qu'il cherchait et que bientôt, ils seraient à nouveau réunis tous les quatre.

Maud eut des soupçons. Echaudée par la première incartade d'Arthur, un jour elle confia les filles à ses parents, prit le train, et arriva en catimini à Annecy chez les cousins.

La tête d'Arthur fut sa plus belle récompense. Elle l'avait coincé sans le savoir. Impossible de sortir seul, impossible de passer la nuit dehors, impossible de rentrer tard le soir. On ne prospecte pas à vingt-deux heures ! La galère pour ce pauvre Arthur, qui dut bon gré mal gré abandonner sa fiancée et rentrer au bercail.

Le cœur chaviré, l'œil triste, son beau sourire éteint pour quelques temps, Maud essaya de faire face aux disputes. L'ambiance à l'orage, elle se retrouva enceinte malgré tout. Soumise comme elle avait été élevée, dans un pays aux mœurs stricts, on ne badinait pas avec les droits de l'homme sur la femme qui devait obéissance. Et elle obéissait !

Etre enceinte pour elle, frisait la catastrophe. Elle entra alors dans le cercle très secret mais très fréquenté des « faiseuses d'anges ».

Sans aucun scrupule, pour cette chose qui était dans son corps et qu'elle ne désirait pas. Elle fit tout pour que cela disparaisse.

Cela disparut !

Elle était sonnée, groggy, anéantie, refusant toutes relations intimes avec cet homme qui la bafouait.

Elle retourna chez ses parents, vers ses filles chéries qui la réclamaient et... Arthur suivit. Bien sûr, pas un mot ne filtra de ce drame. Chaque jour qui se levait était un calvaire. Elle se refusait, mais connaissant cet homme, elle savait que cela ne pourrait durer. La vie reprit, il était gentil, sage, aimant.

La maman de Maud était ravie, sa fille avait vraiment mauvais caractère. Arthur se montrait si aimable ! Comment s'épancher auprès d'une mère qui ne parlait jamais avec sa fille ?

Ils se mirent à deux pour trouver une situation. Luce avait trois ans, Yveline vingt mois. Elles grandissaient, l'aînée toujours calme et souriante, la seconde braillarde et accrochée aux jupes de sa mère. Maud ne pouvait la confier à personne sans cris et hurlements, tandis que Luce se trouvait bien partout, tout lui convenait.

Après diverses pérégrinations, ils se fixèrent dans le Nord de la France, ouvrirent une pâtisserie-salon de thé. L'appartement se trouvait au-dessus, le laboratoire en sous-sol. Leur vie changeait du tout au tout.

Maud respirait. Avaient-ils enfin trouvé leur havre de paix ? Bien sûr, pour la chaleur et le ciel bleu, il y avait un manque, mais les gens du Nord sont chaleureux, ils furent bien accueillis. Les fillettes allaient à l'école et Arthur semblait s'être calmé...

Il ne pouvait s'empêcher de faire le paon ! C'était dans sa nature, mais il confectionnait de si bons gâteaux, de si bons chocolats... la clientèle se faisait fidèle.

Hélas, un jour, elle vit rentrer un homme furibond, dans son salon de thé. Il lui raconta tout de go.

- Vous feriez mieux de surveiller votre mari plutôt que vos petites pâtisseries...

Ce monsieur avait surpris le matin même, sa femme et Arthur dans le lit conjugal.

En fait, en livrant les petits pains au chocolat, il profitait de la place toute chaude laissée par le mari... Et voila ! C'était reparti !

Que dire à cet homme plein de rage, bouillant comme une cocotte minute prête à exploser ?

Le monde s'écroulait à nouveau pour Maud. Il avait osé recommencer. Cela durait depuis plusieurs semaines, elle n'avait rien vu, rien perçu. De plus, elle était à nouveau enceinte et cherchait une nouvelle « faiseuse d'anges » dans ce coin de France inconnu.

Gros scandale dans ce bourg du nord. Le commerce s'en ressentit tout de suite. Les commandes furent moins nombreuses, les traites bancaires plus difficiles à honorer. Maud perdit son bébé. Ouf ! Sans remord ! Les disputes continuaient.

Au fil des semaines, cela se calma. Le train-train reprit. Les clients retrouvèrent le chemin de cette bonne pâtisserie.

Maud avait vingt-sept ans. Elle se sentait vidée, fatiguée, elle semblait porter le poids du monde sur ses épaules. Comment avoir l'esprit tranquille avec un coureur invétéré de jupons ? Le soir, après avoir couché ses filles, elle se trouvait épuisée et tombait le nez dans son assiette. Arthur l'aidait et l'emmenait jusqu'au lit.

Plus tard, bien plus tard, elle apprit que le soir, sur les conseils d'un commerçant voisin de la pâtisserie, marchand de chaussures, petit, gros, laid, Arthur mettait des somnifères dans son verre, d'où sa torpeur... puis ils partaient tous les deux une bonne partie de la nuit.

Où ? Avec qui. Elle ne le sut jamais. Mais un jour, l'épouse de ce pourceau vint vendre la mèche à Maud. Ce fut l'horreur ! Elle faillit même mourir en avalant des cachets. Le cauchemar continuait.

Pourquoi subissait-elle tout cela sans rien dire ? A qui se confier ?

Elle n'osait en parler avec Jane, sa sœur cadette venue s'installer elle aussi dans le Nord. Elle se sentait trop humiliée pour en causer. Elle devenait agressive.

Chaque mois était source de peur d'être enceinte. Pas question de se refuser. Elle subissait et finalement il la violait. Mais elle préférait accepter ce genre de situation plutôt que d'affronter les colères énormes, dont Arthur faisait preuve.

Sa mère lui répétait sans cesse que « gendre chéri » était le meilleur, c'était elle le petit cochon noir... Et si cela était ?

Il y eut ensuite la période de la cornaque ! Tous les après-midi, une belle jeune fille allemande venait prendre son thé. Elle causait à Maud, trouvait Luce et Yveline adorables !!

Dresseuse d'éléphants, elle avait vendu un éléphanteau au zoo de la ville. Elle s'occupait de lui jusqu'à ce qu'il soit acclimaté. Mais le « gros éléphant » l'avait repéré et naturellement Maud ne vit rien.

Ils se rencontraient au bar du coin ou dans des endroits choisis par le pourceau, marchand de chaussures.

Un matin elle trouva un petit mot en se levant sur la table de la cuisine :
- « Pardonne-moi, c'est elle que j'aime. Je pars vivre en Allemagne. Je te laisse tout. Adieu. ».

Il lui laissait quoi ? Le magasin endetté, personne au laboratoire. Les gâteaux cela se confectionnait avant d'être vendu ! Et les petites filles sans leur papa ?

A nouveau tout s'écroulait. Elle n'ouvrit pas la pâtisserie. Pour vendre quoi ? Elle appela sa petite Jane et lui demanda de garder les filles. Maud ferma tous les volets et mit la tête... dans le four ! Elle alluma tous les robinets de gaz... et elle s'endormit. Elle espérait pour toujours. Elle ne pouvait plus vivre dans l'angoisse, criblée de dettes, seule avec ses filles encore bébés.

Ce n'était pas son jour, « père adoré » passait par-là, comme chaque matin, s'étonna de voir la boutique fermée, les volets baissés. Il monta et ayant la clef, il découvrit sa fille.

Une fois de plus, elle refit surface. Elle devait subir. Après la visite du médecin, un jour en clinique, elle fut sur pied et revint derrière son comptoir.

Elle dut se faire livrer les gâteaux par un ami pâtissier. Elle voulut porter plainte sur les conseils de son père, mais il fallait attendre vingt et un jour pour « abandon de domicile conjugal ».

Le vingtième jour au soir, elle vit revenir Arthur... ses filles lui manquaient, elle lui manquait, il reprenait sa place au foyer !

Maud était évidement une sotte. La reine des paumées ! Elle le reprit. L'ambiance comme d'habitude fut à l'orage.

Cet écart permit à Maud de voir « père adoré » en colère et oser lever la main sur son gendre. La seule et unique fois où il parla d'une voix haute, forte et juste à cet homme ne respectant rien.

Finalement, ils mirent la pâtisserie en vente. Arthur décida de reprendre sa musique. Il ne voulait plus entendre parler de gâteaux et de chocolat. Il s'offrit encore le luxe de les laisser et partit à Capri.

Chapitre 8

Le commerce n'était pas encore vendu. Il fallait que quelqu'un reste. Ce fut sa femme. Après quelques recherches, il monta une discothèque-pizzeria dans la ville de son frère aîné. Là, il était dans son élément.

Il travailla dur et construisit ce club presque entièrement de ses mains. Lorsqu'il voulait, il pouvait réaliser des prouesses.

L'établissement prenait forme jour après jour. Cela risquait d'être joli, très chic.

L'inauguration eut lieu en avril 1968. Arthur baignait dans son élément. Costume de rigueur, le teint éclatant, le sourire charmeur sur les lèvres, il allait faire des ravages !

Maud ne vendant pas la pâtisserie, s'installa dans cette nouvelle vie bourgeoise, très guindée. Tous les matins elle partait, faisait une centaine de kilomètres pour rejoindre son commerce. Une nounou s'occupait des filles qui grandissaient dans le chaos familial.

La pâtisserie se vendit enfin. Il était temps car par n'importe quel temps, grisaille, verglas, brouillard ou neige, ce trajet devenait pesant.

Le club marchait bien. Elle avait le droit d'y aller le samedi, jour d'affluence ? On avait besoin d'elle ... à la porte, aux entrées, la cerbère était là !

Toujours aussi mignonne, mais toujours sans sourire, elle répondait aux avances des clients par un regard furibond et une parole bien pesée. Les prétendants s'éloignaient en rigolant. Arthur avait bien raison d'en profiter, cette femme n'était pas une marrante...

Luce eut douze ans et entra en sixième. Yveline, en primaire, caracolait au fond de la classe, toujours malade au moment de partir à l'école, la peur au ventre car ses devoirs étaient mal ou pas faits.

Et voilà que d'un seul coup, leur papa les accompagne et les reprend le soir à la sortie ! Lui, toujours plein de travail ou fatigué par ses nuits, était prêt à se sacrifier !!

Là aussi, Maud aurait dû se méfier ! En fait, il avait repéré une jeunette de terminale et, en attendant Luce, il draguait la minette... Il avait trente-trois ans, portait beau, toujours vêtu ultra chic, de belles voitures flamboyantes. Le voilà amoureux d'une gamine de dix-sept ans...

Quand on veut, on peut ! Il en a fait sa maîtresse, la voit peu... car les parents surveillent ! Mais pas assez ! Car elle se trouve enceinte...un beau matin !

Et Maud apprend le tout un après-midi par un monsieur très distingué... qui n'est autre que le père. Si Arthur n'avait pas eu ses filles il aurait eu de graves problèmes. Le père voulait porter plainte pour détournement de mineure. Mais lorsqu'il vit Maud effondrée et lui apprenant qu'elle aussi attendait un bébé (!!), il laissa tomber sa plainte. Cette petite dévergondée fit un court séjour en Angleterre et revint au lycée en pavoisant.

Maud, toujours dans la même filière, se fit avorter avec rage et dans la douleur.

La ville se gaussa, il y eut un mini scandale. La fille fut mise en pension à cinq cent kilomètres. Le père pensait que cela suffirait pour que l'idylle s'arrête...

Arthur était vraiment amoureux. Il pleurait, dépérissait, ne mangeait plus. Maud ne le plaignait pas. Du moment qu'il se rendait à son club chaque soir, le reste lui importait peu ! Elle essayait un tant soit peu, de sauvegarder ses filles. Apparemment, dans les petites classes n'arrivaient pas les ragots des terminales !!

Mais les amants avaient plus d'un tour dans leur sac! Arthur sut où sa dulcinée était «cloitrée» et le dimanche matin, à la fermeture du club, il faisait cinq cent kilomètres pour la rejoindre. Au pensionnat, il se présentait comme son oncle et il passait la journée avec sa nièce !!

Pour Maud, il chassait le faisan, le lièvre, le sanglier avec des amis... Cela dura quelques semaines, le père fut mis au courant et là... Arthur la demanda en mariage. Pourquoi pas ? Maud était trop vieille!! Elle venait d'avoir trente ans...

Cette fois elle osa et demanda le divorce, l'obtint très vite, le jour de son anniversaire, qu'elle ironie ! Arthur ne se présenta même pas à la conciliation. Il perdit. Maud n'en eut cure. Elle prit les enfants, le chien, les tourterelles d'Yveline et se réfugia à Montpellier.

Trouver un appartement fut chose facile. Elle mit les filles au lycée et essaya de recommencer une nouvelle vie.

Elle était fatiguée, vidée, pompée. Ses grossesses successives y étaient pour beaucoup. «Enfant-prince» était devenu un beau jeune homme. A la fac de droit où il poursuivait ses études, il assumait également des gardes de nuit comme pion.

Chaque matin, il venait prendre un petit café et poussait un roupillon chez sa sœur aînée. Qu'il soit là, auprès d'elle, la réconfortait. Elle se sentait mieux et se demandait pourquoi elle avait supporté quatorze années si chaotiques, risquant sa santé à chaque fausse-couche, qu'elles ne regrettaient nullement. Elle riait secrètement en imaginant Arthur et ses neuf enfants!

Insensé, impensable et pourtant si comique!

Les filles appréciaient leur nouvelle vie, leur école, et leurs amis.

Maud avait retrouvé des connaissances perdues de vue. Elle se rapprocha d'eux. Elle rencontra un homme charmant, un peu plus jeune qu'elle, courtois, à la limite de la timidité. Célibataire, il lui fit une cour à peine voilée.

Le week-end, il venait les prendre toutes les trois et dans sa deux-chevaux décapotable il leur faisait visiter tous les beaux sites de la région. Educateur, il savait parler aux enfants.

Avec Luce, tout se passait bien. Elle posait des tas de questions, curieuse de tout, friande des explications données.

Yveline n'était pas aussi facile. Elle se retranchait dans un mutisme boudeur. Dès qu'il lui proposait une sortie, sa réponse était invariable : « Je veux mon papa. Tu n'es pas mon papa ».

Maud était désolée. Cet homme doux, prévenant, jamais un mot plus haut que l'autre, jamais un geste ayant pu dévoiler ses sentiments pour leur maman, n'arrivait pas à capter l'amitié d'Yveline. Avec elle, cela ne se passait pas comme il l'aurait désiré.

Pourtant Maud changeait. Son sourire revenait, sa bonne humeur suivait. Ce n'était que des rires et chansons dans la maison. Plus de cris, plus de disputes.

Son cœur, qu'elle croyait fermé à tout sentiment sautait à nouveau dans sa poitrine. Lorsque le klaxon poussif de la deux chevaux se faisait entendre, elle bondissait jusqu'à la porte.

Elle attendait chaque week-end avec impatience, comme une gamine de quinze ans. Yveline tournait autour d'elle avec son air bougon. Le panier en osier du pique-nique ne l'inspirait pas du tout ! Pas plus que la nappe fleurie et les petites choses agréables auxquelles sa maman semblait prendre un énorme plaisir à préparer.

Oui, elle revivait...

Chapitre 9

Elle se surprenait à regarder sa silhouette dans la glace. Elle remontait sa lourde chevelure d'ébène, essayant une nouvelle coiffure. Malgré ses nombreuses grossesses, sa taille restait fine. Elle se serait presque trouvée belle. Que lui arrivait-il? Même l'image d'Arthur s'estompait.

Elle était amoureuse voilà tout. Elle avait surtout trouvé dans le regard d'un homme, un éclat dont elle ne se souvenait plus.
Elle pensait à son âge! Trente et un ans! Que de temps perdu! Que d'énergie dépensé pour rien.
Toujours optimiste, elle regardait devant elle et non plus derrière ! Du moins le pensait-elle !
Trois mois passèrent... pas de nouvelles, bonne nouvelle côté nordiste. Regardons plutôt vers le sud.

Son amoureux s'était déclaré un soir. Bien qu'il ne dorme jamais chez Maud, par respect pour ses filles, il avait trouvé un créneau pour la prendre doucement dans ses bras, lui chuchoter des mots doux au creux de l'oreille et lui poser une main calme mais sûre dans sa longue chevelure.
Juste un doux baiser dans son cou, sur sa peau qu'il trouvait fraîche et sensuelle. Elle n'en revenait pas. Jamais Arthur ne lui avait parlé de la sorte. Il arrivait toujours en pays conquis, lui !!!
Là, Camille l'effleurait à peine, ne voulant pas l'apeurer, la sentant toute tremblante. Ces instants resteront gravés à jamais dans le cœur de cette femme, qui avait tant souffert. Il existait donc un homme qui avait quelques ressemblances avec « père adoré » ? Apparemment oui.

Maintenant il fallait ruser pour s'aménager des plages de solitude, de tendresse et d'amour. Rien n'était encore consommé. Ils attendaient et savouraient les rares moments où, en s'enlaçant comme de vrais gamins, ils se couvraient de baisers pudiques.
Ah ! Ces week-ends, si longs à arriver et si vite passés.
Les filles continuaient à batifoler autour d'eux. Luce toujours gourmande des sites visités et Yveline, collée à sa mère dès qu'elle voyait « l'intrus » s'approcher trop près. Elle s'y fera pensait Maud.

Les semaines coulaient doucement, paisibles. Les filles calmes et sereines travaillaient bien en classe, même Yveline ramenait de bonnes notes, mais n'oubliait pas son leit motiv : « Je veux mon papa ! ».

Un matin Maud préparait le petit-déjeuner lorsqu'elle entendit toquer à la porte.

Entre c'est ouvert ! Pensant qu'il s'agissait de son frère. C'était son heure, après sa nuit de garde.

Tu attends quelqu'un ? J'ai été vite remplacé.

Son sang ne fit qu'un tour, la cafetière lui tomba des mains. Elle se retourna. Arthur, une petite valise à la main, se tenait dans l'encadrement de la porte.

Liquéfiée, aucun son ne sortit de sa gorge. Il arrivait, comme cela, comme d'habitude en pays conquis...

Sans lui donner le temps de répondre et de reprendre ses esprits, il lui asséna :

On arrête ces bêtises. Je viens te chercher, toi et les enfants. Vous me manquez. Nous rentrons dans le nord.

Là aussi, l'histoire pourrait être écrite en dix pages ou en quelques lignes. Ce ne sera que quelques lignes..

Il ne supportait plus cette gamine !

Ah bon, pas encore marié ?

C'était une passade, un coup de folie. Il les voulait de nouveau à la maison.

Mais nous sommes divorcés...

Aucune importance. Il venait les chercher et compter repartir très vite.

Maud avait repris ses esprits et n'était absolument pas d'accord. Un divorce est quelque chose de sérieux. S'il a eu lieu, c'est qu'il y avait une raison et Arthur la connaissait très bien. Maud était toujours trop vieille pour lui, trop laide, trop mal attifée et pas question de changer les filles en pleine année scolaire.

Il avait pensé à tout. Les parents de Maud viendraient garder les enfants jusqu'à la fin des classes. Maud remonterait de suite avec lui. Il lui joua ses airs de violon avec chandelles, œil de velours et promesses de fidélité. Elle crut en ses paroles et... accepta. Elle n'eut pas le courage d'affronter Camille, lui écrivit une longue lettre. Il ne dut rien comprendre de cette femme qu'il aimait tant et ne répondit pas à son message. Comment lui en vouloir ?

Elle avait fait un choix. Le mauvais choix, pensant que Luce et Yveline avaient besoin de leur père...

Les parents de Maud vinrent la remplacer. Eux remontèrent vers le nord. Une grosse boule lui bloquait l'estomac. Son regard voyait défiler le paysage qui la ramenait à son lieu de départ. Mais que faisait-elle donc ?

Camille dut la prendre pour une folle ! N'en était-elle pas une ? Ce n'était pas l'amour qui la poussait vers le haut de la France, mais un sentiment de devoir envers ses filles.

Elle arriva sous un ciel gris plombé. Une température glaciale l'accueillit. Même le teckel et les tourterelles qu'elle avait ramenés, semblaient perturbés !

Chapitre 10

Avant leur divorce, ils avaient fait l'acquisition d'une petite fermette en ruine, seul le toit était neuf. Maud ne l'avait jamais habité. Elle eut la surprise de voir les aménagements entrepris par Arthur. Une aile de la grange restaurée comprenait une chambre à l'étage et en rez-de-jardin un bureau et une cuisine toute aménagée.

Le reste en terre battue, attendait Maud et ses idées de décoration. Pleins de projets bouillaient dans la tête d'Arthur. Il lui expliquait avec chaleur l'endroit de la grande cheminée, la chambre des filles, etc.

Étourdie par tout ce chambardement, elle se disait : « Il a vraiment changé. Il veut ressouder la famille. »

Son cœur n'y était pas, mais elle voyait déjà Luce et Yveline heureuses dans cette grande ferme terminée.

Yveline pourrait avoir plein d'animaux et Luce aurait la place pour ses entrechats et lever la jambe à une barre qu'Arthur lui placerait.

Très bien, tournons la page ! Mais la valise est au bout du couloir. Si tu bouges un petit doigt, je repars pour ne plus jamais revenir. D'ailleurs pas question de mariage. Ne m'en parle jamais !

L'année scolaire terminée, les filles connurent leur nouvelle maison. Elles étaient folles de joie. Leur chambre les ravissait. Les animaux commencèrent à envahir le jardin. Arthur confectionna un abri sur pied pour les petits oiseaux. Yveline lui tournait autour, ne le lâchait pas d'une semelle. Les bisous pleuvaient, les câlins suivaient. Elle était heureuse. Il leur construisit une immense pièce au-dessus du garage pour leurs jeux. Il essayait de rattraper le temps perdu.

Mais cela ce rattrape-t-il ? Maud, bien que sensible aux efforts qu'Arthur dépensait, doutait de sa sincérité.

La vie reprit. Elle se tenait sur la défensive. Arthur partait chaque soir à son club. Tiré à quatre épingles, fleurant bon le parfum qu'il affectionnait. Son commerce tournait bien, grâce à lui, Maud le reconnaissait. La musique, les copains, les copines, la fête, sa femme qui ne le tarabustait pas trop depuis son retour, elle lui faisait confiance une fois de plus.

Elle se donnait corps et âme à sa maison qui embellissait chaque jour. Ils recevaient beaucoup. Elle était toujours en cuisine, cela ne lui déplaisait pas. Bien que, de temps en temps, elle aurait bien aimé être invitée, elle aussi... Mais Arthur, toujours aussi macho et possessif préférait recevoir chez eux. Il était courant que le téléphone sonne en début de soirée pour lui annoncer qu'ils auraient pour souper quatre, cinq ou six convives... et elle se débrouillait. Les congélateurs étaient pleins, la cave bien garnie et le champagne toujours au frais. Donc à elle de jouer.

Parfois quelques « vrais » amis lui faisaient la leçon et essayaient de la convaincre de se remarier. Elle devait penser à l'avenir. Elle balayait d'un geste tous ces judicieux conseils. Arthur se tenait à carreaux, l'épée de Damoclès au-dessus de sa tête.

IL y eut une grosse alerte, parmi tant d'autres... Maud sut la gérer. En février, au milieu du brouillard, du verglas et du froid qui sévissait sur le nord, il lui fit part d'une invitation d'un ami marocain pour un séjour de chasse à Marrakech avec son frère aîné. Bien sur elle était invitée.

Son sourire réapparut, éclatant. Elle était si belle lorsque ses yeux mordorés riaient. Les détails domestiques réglés, les filles casées chez les parents de Maud, le club laissé sous bonne surveillance d'un couple d'ami, tout s'annonçait sous les meilleurs auspices.

La veille du départ, Arthur, gêné lui apprit que René serait accompagné... de qui grands dieux ?

Et bien il avait une petite amie, mais il ne fallait rien dire à sa femme !

Quoi ? Comment ? Maud était en excellents termes avec sa belle-sœur. Elle ne pouvait pas la tromper de la sorte. C'était ainsi. A prendre ou à laisser. Ce n'était pas leur problème, mais celui de son frère.

Très contrariée, elle finit les valises, sans même demander le nom de l'intruse. Le jour du départ, sa surprise fut grande... La maîtresse en question était la barmaid d'Arthur !

Quoi cette souris qui pourrait être sa fille et même sa petite fille !

Décidément cette famille était complètement déboussolée. Et sa belle-sœur, comment faire pour lui mentir ? Elle n'osa même pas lui dire au revoir...

Elle devait profiter de ce séjour avec calme et sérénité. C'était la première fois en quinze ans qu'ils partaient seuls (enfin si l'on peut dire...), sans leurs filles.

Le voyage se passa bien ? Maud ne décrocha pas un mot à cette petite peste de Joy mijaurée qui cachait bien son jeu !

L'hôtel était magnifique, la piscine hollywoodienne, le séjour s'annonçait grandiose compte tenu des invitations à venir dans des riads somptueux.

Le matin elle se réveillait avant Arthur. Normal, il avait l'habitude de dormir le jour et de vivre la nuit avec son métier. Elle voulait profiter de tout, au maximum. Elle descendait tôt au bord de la piscine, sous le soleil déjà chaud pour prendre son petit déjeuner.

Tiens, son beau-frère en train de nager. .. Déjà levé, celui-là !!!

Puis, elle s'endormait sous les chauds rayons lui rappelant sa jeunesse dans son beau pays perdu. Arthur la rejoignait vers midi... heureux, détendu ! Cela dura quelques jours. Un matin, ayant mal dormi, elle pensa récupérer au bord de la piscine, mais impossible de fermer l'œil. Son beauf, toujours levé le premier, nageait, enchaînant longueurs sur longueurs, béat.

Taré celui là, pensa-t-elle.

Elle prit sa serviette et décida d'aller réveiller Arthur. Elle mit doucement la clef dans la serrure pour lui faire une surprise, entra sur la pointe des pieds... la surprise c'est elle qui l'eut. Arthur, vautré dans leur lit, dans les bras, dans les jambes de cette roublarde. Ils furent aussi surpris que Maud. Les cris éclatèrent, tout vola dans la chambre, sur la tête des deux coupables. Cette petite garce se sauva rapidement, laissant son amant aux mains de sa furie de femme. Il essaya de la calmer, mais ce fut pire. Sa femme ? Rien du tout, sa concubine, une de ses concubines parmi tant d'autres... ils n'étaient plus mariés !

La colère, la rage de s'être fait rouler aussi bêtement l'aveuglait. Tout l'hôtel en effervescence se demander quel drame se jouait dans cette chambre. Le directeur en personne dut intervenir et pria monsieur de calmer madame. Les lampes de chevet gisaient par terre en miettes. Les tabourets se retrouvaient sur la terrasse et tous les bibelots directs à la poubelle...

Arthur, une fois de plus perdit la figure. Son frère arrivé à la rescousse, essayait de calmer Maud. Mais elle le labourait de coups de poing. Puis elle se calma et exigea une autre chambre, un autre lit et d'autres draps.

Elle ne voulait plus voir cette catin à aucune réception, ni la croiser dans l'hôtel, sinon elle l'écharpait.

Il restait une semaine à tenir. Bonjour l'ambiance ! De plus, Arthur et Maud avaient profité des vacances sans enfants pour avoir des ébats plus... poussés. En avant les parties de jambes en l'air... attention la grossesse dans trente jours. Il lui fallait la légitime et la maîtresse et pourquoi pas un harem ?

Elle n'arrivait pas à comprendre cet homme. Bien sûr elle avait des sentiments pour lui, mais comment expliquer leur comportement à tous les deux ? Tout le monde devait savoir qu'ils partaient pour faire ménage à trois. Donc elle était consentante...

C'était l'horreur. Toute son éducation stricte et moraliste lui revenait. Un homme plus une femme plus des enfants, égal une famille. Il n'y avait aucune place pour une tierce personne dans cette opération.

Au retour les choses furent claires et nettes. La barmaid, direction chômage. Pas d'indemnités de licenciement (elle les avait eues au Maroc !!) et interdiction de visite au club. Qu'elle aille se faire embaucher chez le frère d'Arthur...

Maud veillait, surveillait, épiait. C'était l'enfer. Elle n'avait pas un tempérament jaloux, mais les circonstances ne lui donnaient pas le choix. Elle était revenue sous certaines conditions. Ses filles en pleine période d'examen, ne devaient pas être perturbées. C'était de sa faute à lui uniquement. Il allait payer et cher.

Elle resterait et lui pourrirait la vie au maximum. Çà, elle saurait le faire.

Tout reprit donc à la « gentilhommière ». Les repas entre amis, les week-ends avec la famille. Personne ne disait mot de l'esclandre marocain, mais tout le monde savait.

Tous des faux-jetons, pas un pour racheter l'autres. Maud ne se laisserait plus bafouer sans ruer dans les brancards. Arthur profil bas, avait changé de personnel, désormais barman remplaçait barmaid.

Les mois passaient, les années se suivaient. Une grossesse de plus avait pointé le bout de son nez, balayée comme les huit précédentes.

Luce avait seize ans, Yveline quatorze. Plus question de bébé, jamais. Ce n'était pas le problème de son mari, à elle de se débrouiller. Il la voyait malade, se doutait du pourquoi, mais ne s'en préoccupait pas. Deux filles lui suffisaient. Elles étaient si différentes, mais se complétaient. La ménagerie d'Yveline s'agrandissait. Un chat noir sauvé de l'euthanasie par miss SPA, puis une duchesse toute blanche aux yeux porcelaine, mais sourde leur avait donné trois petits chatons. Le teckel, toujours présent, ayant connu tous les rebondissements de cette famille, trônait en chef de meute. Ramenée un matin du club par Arthur, une gentille « loulou » blanche égarée sage, peureuse mais obéissante servait à nouveau de nounou à un drahthaar, dernière acquisition pour aller à la chasse. Sans compter les animaux de passage : une souris blanche, les poussins de la ferme voisine et les tourterelles inévitables d'Yveline. La porte de la cage restait toujours ouverte, elles se perchaient sur les poutres de la grange, afin de se préserver des chats.

Un hamster passa quelques temps dans ce zoo miniature puis disparut. Mangé par qui ? Personne ne le sut.

Tout semblait calme. Arthur se tenait sur ses gardes. S'il fautait c'était avec discrétion, car rien n'arrivait aux oreilles de Maud. Il continuait à la tarauder pour légaliser leur union. Maud lui répondait :

Le rôle de concubine me va très bien !

Il entrait dans des colères épouvantables. Mai soixante-huit avait fait des émules. Cela ne lui plaisait pas du tout au macho... Puis un jour, elle accepta.

Cinq ans après leur premier divorce, elle dit oui, à nouveau devant monsieur le maire. Arthur avait publié les bans à quarante kilomètres de leur lieu d'habitation, à Clary. Deux témoins amis assistèrent à ce mariage tronqué ! Pas de banquet pour la mariée, pas de pot pour les invités et comble de tout, un lundi après-midi, sans leurs filles.

Maud alla les chercher à seize heures au lycée et leur apprit la nouvelle ! Elles furent fâchées, très fâchées.

Mais ce n'était qu'une régularisation. Juste une question de papiers.

Elle essaya de leur expliquer qu'il ne pouvait y avoir de mariage en grandes pompes avec orgue et petits fours. Cela fut fait, point.

Tout juste un mois après, qui le croira ? Elle recevait vingt roses rouges, chez elle, dans sa grange. Sans carte, sans mot, n'ayant pas... d'amant, elle téléphona à la fleuriste.

Comme tous les samedis, vingt roses rouges sont livrées depuis deux mois !!

Après explication, la fleuriste compris sa bévue. Elle s'était trompée d'adresse et Arthur mangea les roses une à une, avec les épines dès qu'il rentra le soir.

La fureur de Maud, n'avait d'égal que le mal qui la tenaillait.

Il avait recommencé. Il lui avait joué la comédie du mariage, juste pour une question de paperasse. Elle bouillait de rage. Tout ce qui lui tombait sous la main, volait sur la tête de ce pourceau.

Les filles se terraient dans leur chambre. Elles n'avaient jamais vu leur maman dans une telle colère.

Bien qu'il soit dix-neuf heures, le souper était prêt sur le feu. Elle mit cinq minutes pour entasser quelques affaires dans une petite valise, prit son sac dans l'entrée, les clefs de la Mercedes et sans un mot, le regard des mauvais jours, elle claqua la porte fit crisser les pneus de la voiture et partit pédale au plancher. La haine l'aveuglait, la submergeait. Pas une larme ne coulait. Elle n'arrivait même plus à penser. Au bout d'un kilomètre elle reprit ses esprits, s'arrêta sur le bas-côté. Elle soufflait fort, tapait de rage sur le volant. Puis elle se calma.

- Bon réfléchissons. Ce goujat va payer. Seules les filles qui restaient à la fermette lui causait problème. Il la connaissait et savait qu'elle n'abandonnerait jamais longtemps ses enfants. Elle ne l'avait jamais fait et ne comptait pas commencer ce soir.

Luce était prête à passer ses examens et Yveline, toujours un peu perturbée, ne supporterait pas l'absence de sa maman. Dans l'urgence, elle devait partir. Elle trouva vite le lieu idéal, téléphona à son amie Fanfan, qui lui dit :

- Viens de suite, je te prépare ta chambre. Tu la veux vide ou garnie ?

Connaissant les frasques de cette amie, elle répondit :

- Vide bien sûr, tu es folle ou quoi ?

- Ma petite, il est grand temps que je fasse ton éducation... Arrive !

La réponse de Fanfan la contraria. Gourde elle était, gourde elle resterait. Elle mit deux heures pour arriver à Paris. Son entré chez Fanfan fut épique. Elle avait ameuté une bande de copains. Jacques, son prétendant de toujours s'était occupé du buffet antillais, comme Maud l'aimait. La musique, créole elle aussi, emplissait l'appartement. Elle crut changer de monde, de planète. Elle ne réalisait pas et commençait à regretter sa folie, son coup de tête. Elle pensait à ses filles. Fanfan eut tôt fait de balayer ses idées noires.

Comment trouves-tu le décor et l'ambiance ? Le meilleur reste à venir. Je t'ai réservé une belle et grande surprise.

Amie de Fanfan depuis de nombreuses années, elle ne s'était jamais permise de la juger. Un peu délurée, très fantasque, c'était aussi la meilleure amie d'Arthur. Devant elle, il ne se serait jamais permis le moindre écart conjugal !

Un coup de sonnette retentit et Maud vit entrer le beau Luigi, le magnifique Luigi ! Il avait accompagné trois ou quatre fois Fanfan et Jacques au club. Comme d'habitude, Maud ne lui avait accordé qu'un bref regard.

Là, il entrait un bouquet de roses blanches (!) à la main. Il se dirigea vers Maud et avec son envoûtant accent italien :

Je l'offre à la femme la plus fabuleuse de la soirée.

- Elle en resta bouche ouverte comme une carpe idiote. Tout le monde applaudit et la fête continua jusqu'à l'aube. Maud si réservée, si coincée, si bourgeoise, se sentait voler sur un petit nuage. Luigi s'était attribué le rôle de chevalier servant. Cela se déhanchait, collé-serré, elle s'y mit aussi, pensant furtivement qu'elle ne savait pas danser. Arthur le lui rabâchait tout le temps.

Pourtant elle se débrouillait bien, passait de bras en bras : biguines, rumbas, rocks, rien ne l'arrêtait. Le hasard voulait qu'à chaque slow, c'était dans les bras de Luigi qu'elle se retrouvait. Elle n'en faisait pas cas, trouvant simplement ce moment très agréable. Les premiers invités partirent. Fanfan dansait toujours, Luigi la faisait tournoyer elle-aussi. Correct, très classe, sans un geste déplacé.

Le dernier verre arriva... Se décidant à les quitter, il demanda la permission de venir la chercher le lendemain. Il voulait lui faire visiter les quartiers d'artistes peintres et en particulier sa galerie.

Elle accepta, oubliant tout le reste, se sentant légère, sans aucun scrupule, si ce n'est pour ses filles.

Mais elles étaient grandes maintenant. Arthur allait apprendre à gérer ses responsabilités de père.

Elle sut par la suite, qu'il avait appelé Fanfan. Il était aux cent coups. Elle avait peut-être fait une bêtise. C'était la première fois qu'elle partait de la sorte !

Et bien, lui répondit-elle, aussi tu comprendras ce que ta femme a pu ressentir lors de tes escapades en Allemagne, en Hollande, à Capri et j'en passe... Ne t'inquiète pas, elle reviendra. Elle aime trop ses filles pour les abandonner.

Et elle revint... la tête haute, sans aucune excuse, sans un mot, sans une explication. Elle se remit aux fourneaux, reçut leurs amis avec le même sourire mais... fit chambre à part avec Arthur.

Elle souffrait et avait enfin compris qu'elle se trouvait sous l'emprise psychique de cet homme. Anéantie, laminée et parfois tétanisée sous ses mots qui blessent et qui tuent l'estime de soi. Elle s'aperçut soudain des dégâts psychologiques survenus depuis vingt ans. Quel processus l'avait obligé à rester avec lui ? Il lui avait fait supporter l'insupportable.

Il y avait eu des procédés de lavage de cerveau, de manipulation qui l'empêchait de réagir sainement. Elle avait été isolée et l'emprise d'Arthur s'était refermée lentement comme un piège. Elle était à lui, sa chose, son bien et n'avait qu'à obéir. Il y avait eu la phase de séduction puis le harcèlement, l'humiliation et la domination. Tout cela avait mené Maud à douter de ce qu'elle vivait et pensait au fil des années.

Arrivait ensuite la phase de tension et de crise, puis les remords et les excuses avant une pseudo réconciliation avec violons et chandelles, lui faisant croire qu'il s'amendait. Mais non les choses se répétaient. Maud, les traits tirés, marqués, craignaient les réactions d'Arthur. Alors, elle minimisait les faits, s'estimait responsable et lui trouvait des excuses !!!

Ce qu'elle subissait devenait invivable compte-tenu de son éducation, impossible de se rebeller.

Pourtant après son séjour à Paris, chez Fanfan, celle-ci lui avait bien expliqué qu'elle subissait une violence psychologique. Il fallait absolument qu'elle passe par une reconnaissance et une reconquête de soi.

Les filles étaient grandes. Luce fiancée, Yveline au bras d'un adorable Roméo, maintenant elle pouvait penser à elle. Fanfan avait raison.

Maud se fixa une date : le mariage de Luce et elle partirait définitivement. Son petit écart parisien l'avait boostée, pleine d'humour, de gaité, d'entrain et... belle ! Alors qu'elle se trouvait moche et ne se regardait jamais dans la glace. Ses longs cheveux noirs corbeau, lui tombaient toujours sur les reins, épais et doux. Ils avaient été l'objet de tous les compliments. Il fallait les laisser libres. Plus de chignons hauts placés comme une caissière du grand café ! Toutes ces éloges étaient parvenues à ses oreilles, et même à son cerveau durant son séjour parisien.

Elle avait trente cinq ans... cependant Arthur la trouvait toujours trop vieille, par rapport aux minettes qu'il levait !

Ce super italien était à deux doigts de la faire craquer. Elle n'était pas encore sortie de l'éducation : tu dois respect et obéissance à ton mari.

Elle voulait entamer une nouvelle route avec plus de force et de courage.

La vie de chaque jour continuait. En apparence, rien n'avait bougé. Arthur se tenait bien, changeait toujours trois fois par jour de chemise... Mais cela ne la troublait plus. Elle vivait sur ses nuages, plus aérienne que jamais, en grande rêveuse qu'elle était...

Elle chantonnait et pianotait à nouveau sur son beau Pleyel noir. Pourtant l'orage se préparait au loin. Elle ne vit pas s'amonceler les nuages menaçants.

Un soir, après le souper, Arthur demanda à Luce de lui apporter ses cigarettes dans la poche de son veston. Elle partit les chercher et... ne revint pas. S'impatientant, il l'appela, ne recevant aucune réponse, Maud se décida à rejoindre sa fille.

Affalée sur une chaise, elle tenait deux billets d'avion dans la main, blême, hagarde. Maud s'en saisit, ouvrit les cartons : deux allers simples Paris-Nouméa, un au nom d'Arthur, l'autre au nom de la fille aux vingt roses.

Tiens ! Toujours d'actualité celle-là ?

Elle resta assise sans voix, prit Luce dans ses bras, la câlinant comme au temps où elle était son bébé premier. Mais maintenant, l'assurance et la volonté était en elle ? Elle pria Luce de ne rien dire. Elle allait arranger ce quiproquo avec son papa. Elle lui ramena ses clopes, sans un mot, lui servit son café, sans une parole.

Les filles montèrent se coucher, elle resta seule avec ce monstre de mensonge. La dispute commença. Chose extraordinaire, la voix de Maud était blanche de colère, mais sans hurlement ni hystérie. Les mots sortaient, claquaient secs, d'une façon inhabituelle.

- Tu pars demain ? Sans billet de retour ? Les roses rouges ne suffisaient plus ? Très bien, je te prépare tes valises. Des choses légères je suppose, sous ce climat idyllique ?

Arthur médusé restait sans voix. Maud tournait autour de la table, débarrassait assiettes et couverts, sans arrêter de parler, sans crier, avec les mots justes qui enfin sortaient de ses tripes.

- Pars et ne reviens jamais.

Il était l'heure d'ouvrir le club. Il s'habilla, la tête dans les souliers. Elle eut le temps sur le pas de la porte de luis décrocher une dernière estocade :

- Ta valise sera prête pour demain matin.

Elle entendit la voiture démarrer, tout en elle retomba. Sa rancœur, sa haine, sa jalousie, tous ces sentiments qui la grignotaient depuis des années. Pas une larme, pas un hoquet. Elle était froide, glaciale, d'un calme qu'elle ne s'expliquait pas.

Elle alla embrasser ses filles avant d'éteindre leur lampe, puis commença la valise d'Arthur. Sérieusement, méticuleusement, donnant un coup de fer à une chemise légèrement froissée, il avait horreur de cela, refaisant un pli de pantalon. Elle se surprit à sourire en pendant le loden, inutile dans les pays chauds...

Elle tournait, virait, faisait les cent pas dans leur grande maison, s'arrêtant devant un objet chiné ensemble chez un antiquaire. Le temps passait, l'aurore pointait. Elle entendit la voiture se garer. Elle était prête, assise dans le fauteuil du bureau, la valise fermée à ses côtés.

Il entra persuadé d'entendre cris et jérémiades. Mais rien.

Qui t'accompagne ? Robert, très bien. Fais bon voyage.

Elle monta très digne, droite, les escaliers qui menaient à leur chambre, lui assénant une dernière flèche :

Les adieux sont superflus. Sois heureux et ne téléphones pas toutes les cinq minutes !

La porte d'entrée claqua. Elle entendit le moteur, les portières se refermées et voilà. Il était parti une nouvelle fois.

Elle réveilla ses filles pour l'école. Les accompagna, leur lança « à tout à l'heure », d'un ton qu'elle essaya de rendre léger, reprit sa voiture, la tête bouillonnante, le cœur battant la chamade.

Dans la maison tout était calme. Elle ouvrit les volets et les portes-fenêtres. Chiens, chats, oiseaux, personne ne bougeait. L'impression était bizarre. Tous avaient la tête basse, les yeux tombants, la mine triste. Comprenaient-ils ?

La question se posa une seconde au cerveau de Maud, mais elle avait « d'autres chats à fouetter ». Elle s'assit au bureau. La recette de la nuit l'attendait, devant elle, comme d'habitude. La liste des marchandises à acheter, les activités et directives laissées par cet inconscient bien en vue sur le sous-main. Mais ce commerce n'était pas une pâtisserie laissée dix ans auparavant.

Elle avait souvent gardé le club, lorsqu'Arthur se rendait à une chasse ou un tir aux pigeons. Elle savait comment opérer. La situation était certes incommode, mais pas insurmontable. Elle allait y arriver. Il le fallait. La maison n'était pas entièrement payée. Les crédits tombaient chaque mois et les filles devaient finir leurs études.

Elle s'habilla et commença sa journée comme les autres jours. Le réassort des marchandises, le ménage du club. Tiens, il y avait eu du monde pour fêter le départ d'Arthur ! Les bouteilles vides sur toutes les tables, une montagne de verres sales, sans parler des toilettes... Le travail ne manqua pas et seize heures arriva sans qu'elle s'en rende compte.

Les filles prises au lycée, elles se retrouvèrent à la « gentilhommière ». Il fallait leur expliquer ce qu'elle fit immédiatement.

En adultes, elles comprirent de suite la situation. Elles prenaient très bien la chose. Etonnant, mais explicable, vu l'ambiance journalière qui régnait au sein de leur petite famille.

Luce toujours pratique lança :
Il n'y aura plus de cris de papa ?
Yveline lui demanda si Nouméa était loin, si elle prendrait l'avion pour voir son père ! Elle recommençait ou quoi ? Le téléphone sonna. Maud décrocha et entendit :
- Viens me chercher, je n'ai pas pris l'avion. Je t'attends... viens tout de suite.
Là, c'est elle qui ne comprenait plus. Tout de suite, tout de suite !! Il lui fallait deux bonnes heures pour arriver à Paris. Elle téléphona à Robert, il lui confirma avoir laissé Arthur à l'aéroport et même l'avoir aidé à mettre ses bagages sur le tapis roulant... Lui non plus ne comprenait pas. Mais il n'avait aucune envi de se taper l'aller-retour sur Paris.

Maud s'y attela. Elle prit la voiture et le retrouva deux heures plus tard, sur le trottoir « taxi », sa valise posée à ses côtés. Sans un mot, il prit le volant, le visage blafard, les yeux rougis (par quoi ? Les larmes peut-être ?).
Maud toujours bouche close, les idées se bousculant dans son crâne, se demandait « mais que s'est-il passé ? ». Elle ne le sut qu'au bout du trajet, juste devant le portail.
- Je me suis trouvé mal, un infirmier m'a emmené en salle de repos, j'ai raté mon avion. J'ai réfléchi, je ne pars plus et n'en rajoute pas. C'est ainsi.
Luce et Yveline trépignaient d'impatience. Il les serra dans ses bras, monta l'escalier et s'enferma dans la chambre. Interloquées, elles prirent la sage décision de ne poser aucune question. Vers vingt et une heure, il daigna les rejoindre.

Je n'ai pas faim. Je pars ouvrir le club.
Après la fête d'adieu de la veille, inutile de dire la mine goguenarde qu'affichèrent les clients. Sa dulcinée dut lui mener la vie dure. Sa valise prête, son job abandonné, la

risée de toute la ville. L'amourette se termina en queue de poisson.

L'ambiance à la fermette n'était pas au beau fixe. Il fallut supporter les humeurs de monsieur... Comme d'habitude, il s'en tira avec une pirouette :

- Je ne pouvais pas laisser Maud toute seule au club, toutes les nuits, elle n'aurait jamais su faire face.

Ben voyons, c'était pour elle qu'il avortait ses projets ! A qui allait-il faire croire pareilles inepties ?

Maud désormais blasée, se fichait complètement des doutes et des regrets de son mari à son encontre. La décision qu'elle avait prise, elle s'y conformerait. Le mariage de Luce et après « tchao! » comme aurait dit le beau Luigi.

Les jours, les semaines, les mois passaient, rapprochant la petite famille du mariage. Gendre futur était un garçon très agréable, mais timide et introverti. Excellent photographe, c'était son métier, Maud en profitait pour obtenir des photos de ses filles sous tous les angles. Les posters fleurissaient de partout. Luce en danseuse, Yveline courant dans les champs des blés. Elle était heureuse de voir ses filles respirant la joie de vivre. Après tout, seul leur bonheur lui importait.

La date du mariage fut fixée. Fin juin pour le temps si capricieux dans le Nord, semblait une bonne saison. Mais lorsqu'on marie ses enfants, mieux vaut avoir un ordinateur à la place du cerveau. Son aînée chérie, radieuse volait sur un petit nuage. L'élu de son cœur, bien sous tout rapport, fait l'unanimité. Maud reçoit des compliments, qu'elle juge immérités. Après tout ce n'est pas elle qui a choisi ce jeune homme...

Hélas, quelques semaines plus tard, déjà totalement immergé dans les manœuvres du branle bas de combat de ce mariage, avec un grand « M », ce ne sont plus les compliments qui affluent, mais les conseils.

Entre Luce chérie :

- Je veux que tu sois la plus belle maman. Mieux que Gisou !

Ah oui, il ne faut pas oublier la nouvelle maman, belle-maman !

Et les mises en garde de ses bonnes amies pour sa tenue. Maud commence à sombrer dans une douce hystérie.

Attention, sois élégante, mais discrète, pas trop long, pas trop court, pas noir (cela fait enterrement...), pas vert (cela porte-malheur !), pas rouge (trop voyant !), pas blanc bien sûr (chasse gardée de la mariée), en tailleur ? Non en robe ! Une tenue pour l'église, une tenue pour la réception.

Avant de porter le coup fatal :

De toute façon, la mère de la mariée est toujours moche ce jour là...

Ah bon !?

Réconfortant tout cela ! Surtout que repose sur elle, en même temps, l'écrasante responsabilité du choix de la tenue, du tissu et les affres des essayages de la robe de mariée.

Ghetty se charge de la robe, ce sera son cadeau de mariage. Maud court partout, se gare n'importe où, se coltine un paquet de contraventions. Gisou (!!) n'a pas le temps, elle travaille ! Et elle donc ? Que fait-elle ? La sieste ?

Arrive la question traiteur. C'est là que le deux familles, tel les Montaigus et les Capulets, s'affrontent. A peine remise des délibérations épiques concernant la couleur et la teneur des faire-parts. Bon, le nouveau beau-papa s'en occupera.

Cette fois, c'est la querelle des anciens et des nouveaux. Les tenants du foie-gras contre ceux de la salade Saint-Jacques au jus de truffe. Le dîner assis contre le buffet raffiné ou olé-olé ! Décontracté.

Les jeunes mariés trépignent. Après tout, c'est leur mariage ! Vous en convenez à regret, mais vous leur avez tout de même abandonné le choix des textes et des chants à l'église...

Finalement, une séance de dégustation est organisée. Où ? A la « Gentilhommière » !! Bon, pas grave, un peu de boulot en plus. On se réconcilie autour des coquilles Saint-Jacques au foie-gras. Cela coûte le double, mais tout le monde est content.

Bien sûr, Maud ne parle pas beaucoup de l'avis du père de la mariée. Il est inexistant. Il est trop occupé, ce sont des affaires de bonnes femmes ! (Ben voyons..).

De toute façon, question fric, comme le constate une de ses amies qui y est déjà passée « tu mets trois ans à t'en remettre». C'est son avis. Entre conduire fille chérie à l'autel et sa nouvelle R5 turbo admirée dans un magazine, il faut choisir.

C'est fait. Elle gardera sa vieille R5 en passe de devenir une pièce de musée et convertit son beau turbo rouge, verres fumés, toit ouvrant, en petits fours et pièce-montée quatre étages !!

Entre deux répétitions avec le coiffeur inspiré et la maquilleuse géniale, qui vont transformer Cendrillon sportive en reine d'un jour, angoissée Maud craint le pire. Chignon ? Ca plait beaucoup à futur beau-papa.

De quoi se mêle-t-il celui là ? Et son vrai papa ? Où est-il passé ? Il se fait de plus en plus rare. Maud n'a pas le temps de penser.

Donc, chignon ou boucles romantiques à la Scarlett O'Hora ? Luce à de si beaux cheveux frisés.

Voile court, voile long ? Fleurs fraîches ou artificielles ? Fleurs, couronne voile, souliers, Maud à envie de hurler Stop !!! C'est seulement un mariage.

Un petit mariage, voyons maman. Deux cents personnes ce n'est pas une grande cérémonie. Ne t'affole pas.

Pas du tout. Pas d'affolement, simplement réveil dix fois par nuit en sursaut, pour noter fébrilement ce qu'elle risque d'oublier. Elle cauchemarde avec délice : les faire-parts sont bourrés de fautes d'orthographes, le dîner est servi froid, le champagne chaud, elle perd la moitié de ses invités entre l'église et le restau-château, malgré le parcours de l'invité-combattant fléché, distribué à tout le monde. On a volé la robe de la mariée, l'orchestre est nul, et l'horreur... ses bas ont filé... Là, elle se réveille brusquement et voit son chéri dormir du sommeil du juste... Il n'y a pas de justice !!

Arthur est grincheux. Plus la date approche, plus son nez s'allonge. Il l'a prévenu. Il ne s'occupera de rien, il a trop de responsabilités au club. Il lui fait confiance (ah bon ? Pour une fois, quel miracle !). Même le jour de congé-fermeture, il disparaît.

Tout à son bonheur des préparatifs, elle s'active, court de droite et de gauche. Toute la famille du midi arrivera la veille. Il faudra les loger, prévoir les repas. Tout doit être parfait, afin que le 29 juin 1980 soit un merveilleux souvenir.

Huit jours avant les noces, seul Arthur n'a pas encore son costume. Elle court à la ville voisine chez le tailleur attitré de son homme. Elle choisit sa tenue, n'oublie rien, chemise, cravate, pochette, chaussettes et surtout costume. Mais ne pouvant l'essayer à sa place, il dut faire l'effort de se rendre aux retouches. Cela lui prit sept jours ! Tous les après-midi, il partait à l'essayage et ne revenait jamais avant dix-neuf heures. Le vendredi veille du grand jour, elle téléphona pour savoir si tout était prêt.

le costume a été retiré en début de semaine, s'entendit-elle répondre.

Il y avait encore anguille sous roche... Maintenant rodée à ce genre de situation, l'après-midi, elle le suivit. Sans surveillance, sûr de lui, il roulait sur une départementale qu'elle ne connaissait même pas ! Il s'arrêta devant une maison de village, y entra sans frapper et Maud piétina les pédales de sa petite R5 nerveusement. Une heure passa, puis la porte s'ouvrit. Il en sortit tenant une jeunette par la taille. Elle l'accompagna jusqu'à la portière et lui roula un magnifique « patin »... assez long pour que Maud ait le temps d'embrayer sa première vitesse et d'arriver à sa hauteur.

Comme d'habitude, grand scandale dans le village. Hors d'elle, les insultes pleuvaient, les coups de poing, bien inoffensifs en réalité, suivaient. La fille courut se réfugier chez elle. Maud continuait d'injurier son mari. Comment, à quelques heures du mariage de sa fille ? Avec une gamine qui pouvait être la sienne ?

Elle remonta dans sa voiture et partit désespérée. Comment tenir et faire bonne figure à tous ses invités ? Et Luce ? Pourvu qu'elle ne s'aperçoive de rien.

Cet homme était incorrigible ! Que faire ? Elle se sentait si seule d'un coup, sans ressort, la tête vide. Un vrai challenge l'attendait et elle craignait de ne pouvoir l'assumer.

« La Gentilhommière » bourdonnait de monde. Une partie de la famille était arrivée. Les Parents de Maud s'inquiétaient de l'absence de leur fille.

Oui ! Oui ! Tout sera prêt à l'heure.

Elle s'occupait des uns des autres, servit l'apéritif, puis le dîner. Elle agissait comme une mécanique bien huilée, la tête dans des nuages tout gris. On la trouva un peu pâlotte, mais normal avec tout ce chambardement. Elle ne parlait pas beaucoup, répétait des gestes accomplis cent fois, son esprit encore embué par le baiser brûlant qu'elle avait surpris.

Arthur était un être abject. Aie ! En pleine préparation de la tarte flambée, elle sentit monter les larmes lourdes, chaudes, impossible à retenir.

Dans la salle à manger, un joyeux brouhaha régnait. Ce qui ne l'aidait pas à calmer ce torrent coulant sur ses joues.

Elle serrait les dents, écrasait d'un geste agacé les gouttelettes. Et flop ! En voila une, deux, trois sur la tarte !

Après un effort surhumain, elle parvint à stopper ses cataractes. Idiote, elle n'était qu'une idiote. Elle ne devait penser qu'à Luce. Elle monta dans sa chambre, se nettoya les yeux, mit un petit « trompe-couillon » sur son visage et rejoignit ses invités, un semblant de sourire sur les lèvres.

Elle entrait dans sa bulle. Elle savait très bien faire cela. Elle avait dénoué ses longs cheveux, quelques mèches tombaient sur ses joues et cachaient ses yeux rougis. Mais sa grande tristesse se tenait au fond de son cœur...

Elle fit un petit tour d'horizon avec la famille. La robe de mariée trônait magnifique, irréelle. Les chaussures fines étaient rodées et le père de la mariée avait essayé son costume.

Demain il fera beau. La météo de la base aérienne l'annonçait.

Le matin du grand jour, Il pleuvait à seaux. Merci la météo... mais, « mariage pluvieux, mariage heureux »... n'est-ce pas ? Encore une ineptie !

La pluie tombe fine et dense. Le carrosse de la mariée n'arrive pas. Le cheval ne veut sans doute pas se mouiller.

Maud n'a pas assez de parapluies pour tous les gens du midi. Chez eux, un vingt-neuf juin il fait beau, nous sommes dans le Nord, vu !

Et puis tout s'arrange, la calèche se place devant la fermette, la mariée y monte majestueuse accompagnée du papa, enfin visible, qui râle pour le pli de son pantalon tout défait par la pluie. Les parapluies s'ouvrent…

Mais la messe dans cette petite église de campagne est émouvante à souhait. Pas assez de sièges pour asseoir tout le monde.

Les gens se pressent sur les fonts baptismaux et Luce cheveux bouclés en cascade, long voile en dentelle, magnifique robe moulant son corps de danseuse est une vraie princesse au bas de son prince charmant. Maud s'écrase une larme sous sa voilette (elle y tenait à ce bout de tulle…), sa robe en dentelle verte (et oui! Porte-malheur) est exactement comme elle désirait.

La mariée se trompe de main, enfile l'anneau béni à la main droite de son mari… Tout le monde est heureux.

A la sortie la vraie pluie associée à l'incontournable pluie de riz, est féerique. Mission accomplie.

Maud sort digne, au bras d'Arthur, bougonnant toujours contre son pantalon tirebouchonné par la pluie, ses cheveux frisant trop, à cause de l'humidité et son violon mal accordé à l'église.

Maud à pourtant trouvé son «Ave Maria» sublime… et très juste!

Ils partirent en voyage de noces dans le Périgord, selon leurs vœux, firent un périple dans une roulotte aménagée, tirée par un magnifique percheron. Ils rentrèrent heureux, amoureux, enchantés et deux mois après… Luce apprit à sa maman qu'elle attendait un bébé. Elle avait oublié de prendre sa pilule!!!

Maud était folle de joie. Elle allait tricoter, tricoter et re-tricoter. Arthur faisait la gueule. Son futur statut de papy lui pesait et pour la drague, il s'inquiétait. Maud jubilait.

Quelques mois plus tard, petite Lou arrivait. Plein de cheveux noirs, de beaux yeux en amande et une peau de porcelaine.

Tout le monde la couvait, la voulait, mais Luce gardait sa progéniture tout contre elle. Durant son séjour à la maternité, elle eut la visite de Line, la femme de Luc : « enfant prince ». Admirable, charmante, ils avaient deux enfants plus jolis l'un que l'autre. Un petit garçon, toute la bouille de son papa à cinq ans et une petite fille, le sosie de sa maman.

Mais Line était très malade. Tout aurait dû bien se passer pour eux quatre. Luc, ses études brillamment terminées, attaquait la vie active chez un avocat renommé.

Sa femme, mère-poule s'occupait de ses bébés. Belle et plantureuse, toujours le sourire et le mot gentil, l'avenir se dessinait sous les meilleurs augures...

Mais le crabe frappa.

Lors de la visite de Line, Luce put s'apercevoir qu'elle n'allait pas bien du tout. Ses beaux cheveux perdus, elle était affublée d'une perruque ridicule cachant son pauvre crâne nu.

Maud ne comprenait pas cette vie... Pourquoi elle, qui réclamait si souvent la mort, ne partait-elle pas à la place de cette jeunette de vingt-cinq ans? Avec ses deux enfants à élever. Line avait mille choses intéressantes à accomplir. Alors que Maud courrait derrière un bonheur qui s'échappait dès que ses doigts l'effleuraient. Le destin en avait décidé autrement. Line disparut laissant une petite fille de quatre ans ne comprenant pas ce qui lui arrivait, et un garçonnet de huit ans marqué à vie par le départ prématuré d'une maman que personne ne pourra jamais remplacer.

Maud ce jour là, renia Dieu. Le Dieu qui rimait avec tout sauf amour. Elle devint athée au plus profond d'elle-même, ne dit plus ses prières, n'alla plus à la messe, ne crut plus en rien. Si Dieu avait existé, c'est elle qui serait partie.

Après l'enterrement, elle ramena dans le Nord, les deux pauvres oiselets blessés. C'était l'été, elle essaya de les amuser. Son petit-neveu n'était que cauchemars. Elle décida de dormir entre eux deux pour le calmer dès que ses rêves l'emportaient dans de tumultueux abîmes. Elle lui prenait la main, puis celle de sa petite sœur réveillée par les cris de son frère. Elle leur chantait des comptines doucement.

Deux mois passèrent. Luc s'était installé avec ses parents dans une grande maison. Papy Pierre et Mamy Louise firent ce qu'ils pouvaient pour atténuer le chagrin de tous. Quelle patience avait Papy avec son petit-fils, fidèle portrait de Luc. Il lui monta une tour Eiffel en meccano, plus grande que lui. Il lui permit de toucher à tous les éléments de ce sacro-saint Meccanos.

Car papy était resté un grand enfant. Lorsqu'il voulait avoir la paix, il s'enfermait dans son grenier, montait plein d'objets en ferraille et emmenait son petit-fils avec lui dans ses rêves de jeunesse.

Luc n'allait pas bien. Maman Louise se faisait beaucoup de souci pour son «enfant-prince», mais il fallait donner du temps au temps...

Ceci est une autre histoire, celle du petit-prince de la maison qui avait grandi et que la vie n'épargnait pas... Il n'avait pas trente ans...

Hasard du destin, Lou était née à Paris comme Maud, un boulevard en contrebas. Sa mamy se disait: elle m'appartient un peu plus qu'aux autres. Il y a quarante ans, elle poussait le même cri, à cent mètres de là.

Luce était une vraie mère-poule. Malgré leur cours, gendre chéri et elle, se relayaient pour chouchouter bébé. Déjà musicienne, Lou ne s'endormait qu'en écoutant de la musique grégorienne !!

Maud essayait de kidnapper ce petit bout, mais impossible. Luce ne se séparait pas de son trésor. Très souvent, pour les voir, elle descendait à Paris, dormait chez Fanfan.

Chaque fois, qu'elle annonçait sa visite, elle avait la surprise de voir arriver le beau Luigi. Le hasard ? Et c'était de magnifiques soirées autour d'un colombo de cabri, d'excellents accras et d'un punch corsé.

Il avait compris que Maud changeait. Un jour il faillit ne pas la reconnaître. Elle arriva les cheveux coupés à la «Jean Seberg», courts, courts. Son visage rayonnait, ses yeux mordorés brillaient, sa jupe avait raccourci. Mais oui, elle avait mis des années à franchir le pas, avait fait sa petite révolution personnelle !

Il la voyait libérée du carcan qu'elle portait depuis vingt ans. La cour se fit plus pressante et Maud qui avait tant besoin de tendresse céda et ne le regretta jamais.

Elle avait donné sa jeunesse, son temps, son amour, pour ne récolter qu'amertume, pleurs et affronts. Ouf ! Ce fut bon...

Elle ne lui montra pas sa joie en rentrant. Il l'aurait tué. Elle devint plus légère, remonta sur son nuage rose pour rêver avec délice. Elle n'était pas amoureuse, surtout il ne fallait pas. Elle souffrirait à nouveau. Non, simplement cet homme lui avait redonné confiance, ce qu'elle avait perdu depuis longtemps. Elle ne voulut plus voir Luigi, fut ferme avec Fanfan, lui fit promettre de ne plus l'inviter en sa présence. Ce fut respecté. Lou grandissait. Lorsqu'elle eut huit mois, Luce se laissa convaincre et laissa son bien le plus précieux à la «Gentilhommière», une semaine entière.

C'était de la joie pure. Papy était gaga et Maud aux anges. Les nouveaux parents décidèrent après prospection de s'installer dans le sud, à Cogolin.

Arthur était parti huit jours, afin de mettre en route l'école de danse de Luce. Tout ce qui touchait l'art, la musique, la danse l'intéressait. Il mit tout son cœur pour monter à sa fille «L'atelier de la danse».

Durant cette semaine, Maud tint leur commerce. Tout marchait bien: pas de bagarres, une bonne recette. Les clientes devaient payer leur pot, plein pot... et aucun passe-droit aux entrées. Maud bien que n'ayant plus son chignon haut placé, comme la caissière du grand café, n'en demeurait pas moins la patronne des lieux, personne ne mouftait...

Elle eut des œillades, des confidences de certains, croyant gagner ses faveurs en colportant des bruits sur son mari. Même si Maud avait changé, elle n'en demeurait pas moins la femme d'Arthur. Elle ne l'aurait jamais déshonoré devant ces piliers de bar, ces ivrognes, ces pourceaux si mal éduqués.

Leur commerce était en vente, bientôt une autre histoire commencerait. Pendant l'absence d'Arthur, elle eut l'occasion d'entendre des prédictions par une inconnue.
«Votre commerce sera vendu d'ici un mois ou deux. Le nom de l'acheteur commencera par un z. Puis vous vendrez votre maison pour votre anniversaire !».
Elle appela vite son mari, lui fit part de ces nouvelles ! Il se moqua d'elle, la traita de demeurée et de sénile... Que des mots d'amour et des compliments, comme d'habitude !

Oui mais huit jours plus tard, elle vit entrer cinq personnes au club dont l'agent immobilier. Il lui présenta les nouveaux venus, en tant qu'acheteur potentiel. Le dernier avait un nom commençant par... Z !! Il acheta le commerce deux mois plus tard.
Que dire ? Rien, c'était le destin.

Les choses allaient plutôt trop vite au goût d'Arthur. Il n'avait plus aucune raison de sortir le soir, de rentrer à quatre heures du matin ou de partir des après-midi entiers. Il se mit à s'ennuyer, sortit tout de même, les disputes reprirent. Cela devenait intolérable. Les filles n'habitaient plus là. Ils étaient seuls face à face...
En rentrant à cinq heures du matin, il était accueilli par tous les noms d'oiseaux de la création, surtout lorsqu'il sentait «Shalimar» ou «Lancôme».

Ils décidèrent (ou plutôt Maud décida) de partir en Espagne. Ils possédaient un chouette appartement-terrasse de deux cent mètres carrés. Là, il y avait de quoi recevoir les amis. Et des amis Arthur en avait...
Comme il ne savait pas rester inactif, il décida d'aller prospecter à Ibiza. Il voulait créer un restaurant chic.
Pourquoi pas? Maud ne voyait pas son homme les bras croisés toute la journée, faisant bronzette. Bien sûr, il passait de longs moments dans les cabines téléphoniques, toujours vers dix-neuf heures, revenait la mine triste et les oreilles pendantes tel un cocker...

Maud le connaissait, le pratiquait depuis si longtemps, voulait croire en ses explications toujours si vasouillardes... Ils embarquèrent pour Ibiza, visitèrent un certain nombre de commerces et revinrent en France pour... réfléchir !

Pourquoi ne pas réfléchir en Espagne ? Dans ce bel appartement face à la mer. Ils pourraient faire du bateau, lui qui aimait tant son « attico ».

Non, il devait remonter dans le Nord. Point. Si Maud le désirait, elle pouvait rester en Espagne.

Bien voyons, il la prenait pour une gourde ou quoi? Il est vrai que la fermette devait être vendue. Mais si Maud croyait aux prédictions, elle ne serait cédée qu'au mois de février.

Arthur n'était jamais à la maison, avec toujours une bonne raison pour disparaître trois ou quatre heures. Le soir son commerce lui manquait, il allait donc y faire un tour... jusqu'à trois heures du matin.

Maud, seule dans sa grande maison, tournait en rond. Comme Pénélope, elle avait entrepris la confection d'un immense tapis. Lorsque ce tapis serait terminé, la fermette ne leur appartiendrait plus. C'était le leitmotiv qui tournait dans sa tête. D'ailleurs les tapis fleurissaient dans leur campagne. Elle avait l'habitude de prendre le crochet et de tirer sur son aiguille des heures durant, en attendant son Arthur-Ulysse !

Celui qu'elle commençait, mesurait quatre mètres sur trois. Cela leur donnait le temps de trouver un acheteur. Elle gardait son humour intact, au grand dam de son homme.

Lou marchait et parlait au téléphone comme une grande. Elle avait quinze mois.

En novembre Arthur décida de précipiter un peu les événements. Il prit sa voiture, son chien et se rendit en Espagne.

Depuis quelques semaines Maud le sentait tendu, stressé, toujours de mauvaise humeur. Bonne pâte, elle essayait de le calmer. Elle se renseigna auprès de certains (faux...) amis d'Arthur, apprit qu'il voyait toujours sa maîtresse, celle du mariage de Luce... Celle du baiser brûlant surpris par Maud.

Donc «marie-couche-toi-là» était encore d'actualité ? Oui, mais elle se fiançait avec un garçon, de son âge, et non avec un papy (et tchoc !) d'où le grand désarroi d'Arthur.

Alors, que faisait Maud dans ce ménage ? Car il l'honorait toujours et elle n'avait pas intérêt à lui jouer le coup de la migraine! C'était sa femme, donc son bien, sa chose. De temps en temps, il ouvrait un tiroir : oh ! La petite Maud est là ! Bon, moche avec ses cheveux courts, mais hop ! On s'en sert et on referme le tiroir jusqu'à la prochaine fois. C'est ce qu'il appelait : aimer sa femme.

Revenons à ce grand désarroi. Cette histoire durait depuis trois ans. Maud était toujours là, malgré ses résolutions de partir après le mariage de Luce...

Que faisait-elle ?

Elle se disait toujours que le bonheur est un devoir. Pas toujours facile d'accomplir son devoir. Cela demande du souffle, car le bonheur court vite, de l'élan, car cela vole souvent très haut, de la souplesse pour se glisser entre les obstacles, du réflexe lorsque cela cogne dur.

Bref, cela exige un bon entraînement. D'autant plus que Maud ne se contente pas de vivre au petit bonheur la chance.

Non, elle veut de grands bonheurs et toutes les chances. La chance d'être aimée par son homme, ses enfants, ses copines, ses anciens flirts et ses futurs amants.

La chance de vivre double, triple et plus s'il faut. Elle veut additionner et ne jamais soustraire. Elle veut être ambitieuse et sauvage, mère de famille et capitaine au long cours, basculer d'émotion devant une frimousse enfantine, éperdue d'amour.

Elle veut être belle pour conquérir le monde en déclinant toutes les gammes de la séduction, vivre en suivant ses fantaisies et ses passions.

Elle multipliera les bonheurs, en inventera d'autres. Elle se tricotera les modèles les plus fous et se brodera des rêves au point désir. Elle fera éclater les grands principes pour vivre en vertu des grands sentiments. (Aie, elle a déjà entendu cela quelque part !).

Des rêves dans son cœur, sa tête et son corps, elle les réalisera. Parce que tous ces bonheurs enrichissent, elle prêtera aux autres...

Donc, si elle revenait à son devoir-bonheur, elle devait profiter du désarroi d'Arthur pour le récupérer.

Après tout, s'il était toujours là, c'est qu'il y avait une raison. Sa «marie-couche-toi-là» fiancée, allait se marier. Logique ! Oui mais avec Arthur, rien n'était logique...

Il téléphonait à Maud de temps en temps, lui certifiant que le restaurant prenait forme. Un seul ennui, il fallait tamponner le passeport tous les mois à la «guardia civile» et ce, durant six mois pour obtenir le statut de résident.

Au bout d'un mois, un soir, il appela sa femme. Sa voix chavirait, des sanglots dans la gorge. Il faisait une dépression seul sur cette île avec son chien. Il n'y avait âme qui vive. Les touristes arriveraient à Pâques.

« - Prends un aller-retour. Tu me manques. Viens passer une semaine avec moi, cela me donnera du courage d'attendre pour obtenir le visa.»

Bien que blasée, elle se dit que le moment était peut-être arrivé pour mettre la chance de son côté et essayait son devoir-bonheur ! Une semaine serait vite passée. Elle laissa un tricot commencé pour Lou. Elle le finirait à son retour, rangea la maison, tout en conservant les denrées non périssables au congélateur. Elle les retrouverait dans huit jours.

Elle donna aux voisins les boîtes pour nourrir les trois chats restants. Puis elle prit sa petite voiture et sans même dire au revoir à ses amis, ni donner un dernier coup d'œil à sa maison qu'elle aimait tant, elle se rendit à l'aéroport.

L'arrivée à Ibiza fut idyllique. Arthur agréable, prévenant, lui joua les violons en allumant des chandelles dans ses yeux. Il l'emmena jusqu'au pseudo-restaurant. Quatre murs, les volets fermés, l'herbe haute cachait la terrasse.

« – Ne t'inquiète pas, tout sera fait en temps et en heure. De toute façon, il faut être résident pour entreprendre les travaux ».

Les jours passèrent vite. Ibiza l'hiver n'avait rien de transcendant. Tout était fermé, hormis deux ou trois cafés-restaurants.

La veille du départ de Maud, Arthur de plus en plus aimable, lui dit tout de go :
« - Ecoute, j'ai réfléchi! Je vais utiliser ton billet de retour. J'arrangerai le madame en monsieur. Je te laisse Gito (notre drahthaar) et la voiture. Je reviendrai d'ici deux semaines et reprendrai ma place. Tu iras tamponner ton passeport à la «guardia civile». Toi ou moi, c'est idem, puisque nous sommes mari et femme.

La proposition fut faite d'une manière si naturelle que Maud ne soupçonna pas une seconde la turpitude d'Arthur ! Cela ne l'enchantait guère, mais il avait l'air si heureux de retourner dans «son» Nord.

Juste deux semaines, lui répéta-t-il à l'embarquement.
Elle lui remit les clefs de la fermette et lui cria :
- Il y a de quoi manger dans le réfrigérateur!
Mais quelle gourde ! Elle le vit partir, léger avec sa petite valise, remonta dans la buik, Gito à l'arrière, l'œil triste, les oreilles basses. «Allez nous allons faire du tourisme et nous promener tous les deux.»
Il ne bougeait pas, coincé au fond du siège, l'œil toujours aussi terne.
Ah ! Mon vieux chien tu connaissais mieux ton maître que ta maîtresse...

Une semaine passa, les coups de fils se faisaient rares. Le tour de l'île fut vite fait. Une deuxième se termina, Maud appelait désespérément Arthur, mais le bigophone sonnait dans le vide.
Finalement, il se manifesta un soir. Tout allait bien! (Ben voyons!). Il faisait visiter la maison à d'éventuels acheteurs... Elle devait patienter.

Non, non et non.

Maud ne voulait plus rester sur cette île toute seule. C'était trop triste, il faisait un froid de canard. Elle n'avait du linge que pour une semaine. Pas un livre de mots croisés, pas un roman, pas une pelote de laine pour combler ses longues journées.

De plus, claustrophobe dans les ascenseurs, au milieu de la foule, elle s'apercevait qu'elle l'était également sur une île.

Elle prenait la voiture, roulait cinquante kilomètres et se cognait à la mer. La mer au Nord, la mer au sud, à l'est, à l'ouest, la rendait hystérique. Elle hurlait au bord de la falaise, face à cette immensité de liquide. Gito se cachait sous la voiture. Lui non plus n'aimait pas cet endroit.

Ils retournaient tous deux dans le petit studio loué par Arthur, sur les contreforts de la citadelle d'Ibiza.

Là, traînait une faune d'hiver, des drogués, des sans sous, des voleurs, des paumés. Tous les hippys de l'été se réunissaient pour une fête entre eux, chaque soir. Il faisait froid. Elle se préparait un plateau frugal sans télé... Il n'y en avait pas !

Elle se blottissait sous les couvertures, voyant le regard de son chien aussi abattu qu'elle, lui permettait de monter au bas du lit. Il se couchait sur ses pieds sans la quitter des yeux. Elle lui parlait comme à un ami très cher.

Mais il était SON ami très cher !

De temps en temps, entre deux phrases, il poussait un grand soupir, relevait la tête, puis à nouveau la posait sur les pieds de Maud. Il lui tenait chaud aux pieds bien sûr, mais surtout au cœur. C'était la seule présence sur cette île inhospitalière, lui apportant du réconfort.

Des passants s'arrêtaient devant leur studio, aussitôt Gito grognait, montrait les dents. Lui, si gentil, si câlin, se levait d'un bond jusqu'à la porte.

Le danger passé, il remontait à sa place, yeux fermés, l'oreille en éveil. Maud épuisée par les larmes s'endormait, veillée par son chien fidèle et protecteur.

Arthur la laissa quatre mois sur cette île. Stoïquement elle faisait tamponner son passeport... Les promenades ne les intéressaient plus. Ils sortaient tous deux, juste pour les besoins de Gito et respirer un peu d'air frais. Elle avait terriblement maigri. C'est elle maintenant qui tombait en dépression, son chien dans le même état qu'elle. Ils se traînaient ne sachant où aller, puisqu'il n'y avait rien à voir !

Arthur lui apprit la venue de son frère de Lille. Il désirait voir le pseudo-restaurant pour une éventuelle association. Maud alla les chercher à l'embarcadère. Enfin elle pouvait parler français. Elle était heureuse de recevoir Paul et Mimi. Elle les appréciait beaucoup. Gito bondissait autour d'eux, les reconnaissant.

En visitant le studio où vivait Maud depuis quatre mois, ils furent atterrés. Ils n'avaient pas de mots assez forts pour calomnier Arthur. Quant au pseudo-restaurant, ils restèrent cois en le visitant. Durant l'hiver, les squatteurs l'avaient investi. Tout était cassé, sale, brûlé, taggué.

Vous devez partir tout de suite de cette île.

Oui mais je dois être résidente et faire tamponner mon passeport chaque mois...

Le frère d'Arthur se mit à rire de bon cœur.

Mais voyons Maud vous avez un superbe appartement en Espagne! Et Ibiza, c'est l'Espagne. Vous pouvez donc effectuer les démarches de là-bas.

Elle resta pétrifiée. Comment n'y avait-elle pas songé ? Elle s'était embourbée sur cette île pour un saligaud et un restau qui n'existerait peut-être jamais...

Son désarroi faisait peine à voir. Devenait-elle sénile? Non, seule la dépression l'avait empêchée de réfléchir et surtout les balivernes que lui servait Arthur au téléphone.

Paul fit embarquer Maud, le chien, et la voiture pour Alicante, payant même la traversée. Ils lui firent promettre de manger, bouger, vivre normalement. Dès leur retour, ils en touchèrent un mot et même dix... à Arthur.

Elle se retrouva chez elle, ne réalisa pas tout de suite la supercherie de son mari. Elle se reprit à vivre doucement, calmement, sans avoir peur des passants et de la nuit.

Gito gambadait sur la plage, heureux et confiant. Il se retournait vers Maud, s'assurant qu'elle suivait bien, puis venait frotter son museau sur ses cuisses, ses bons yeux revivaient. Il retrouvait ses repères, l'endroit d'où il plongeait, la boutique du boulanger où il récoltait un bout de gâteau.

A la maison, plus question de dormir sur les pieds de sa maîtresse. Elle n'eut aucun besoin de lui dire. Il sauta dans son panier, se roula dans sa couverture, fi couiner avec délice son petit canard, cadeau d'Yveline, auquel il tenait particulièrement.

Au bout de cinq minutes, il ronflait comme un sonneur tranquille. Il était chez lui.

Maud mit plusieurs jour à faire surface physiquement, mais surtout psychologiquement. Cela n'allait pas très fort... Elle se décida à monter au village à pied. Pas question de faire le plein de la Buick. Sa trésorerie était en chute libre...

Peut-être rencontrerait-elle une connaissance d'été ?

Elle se promenait, Gito en laisse, bien sage, lorsqu'elle entendit son prénom. Se retournant, elle reconnut Dany, la propriétaire de la pizzeria habituelle où Arthur l'emmenait de temps à autre. Elle lui sauta au cou.

- Que fais-tu là ? Es-tu seule ? Ici il n'y a personne. Je n'ouvre mon restau qu'à l'heure de l'apéritif, pour quelques habitués. Maud lui narra rapidement les derniers événements et le reste...

Outrée, mais connaissant très bien Arthur, elle ne fut pas étonnée et la traita d'idiote! Comme elle avait raison !

Voila, nous ouvrirons chaque soir ensemble pour l'apéro, nous souperons ensuite toutes les deux. Cela nous divertira et tu feras des économies.

A elle les «quarantes-très», les «batidos de coco» et autres boissons au milieu des rires et de la bonne humeur.

Pâques arriva, puis juin, juillet et malgré ses demandes, Arthur ne lui envoyait aucun argent pour vivre...

Monsieur se pointa en aôut. Elle alla le chercher à l'aéroport de Valencia. Il était éreinté, fourbu, démoralisé (!!) par toutes les démarches pour régulariser la vente du club. Il avait payé toutes les dettes.

Quelles dettes ??

Il ne restait presque plus rien sur la cessation de leur commerce. Quoi ? Comment ? Maud trouvait l'histoire un peu saumâtre.

Mais rassure toi, j'ai bon espoir pour la vente de la maison.

Sa maison! Une grosse boule se préparait au creux de son estomac Elle sentait monter les larmes. Non ! Elle ne pleurerait pas. Assez de sensiblerie.

Obéissante, elle avait tamponné son passeport. Maintenant ils étaient résidents et pouvaient monter leur restaurant.

- Attends, il faut vendre la maison d'abord.

Les explications d'Arthur étaient plus que confuses. Les disputes à nouveau reprenaient.

Yveline et son copain Bernard vinrent passer quelques jours de vacances. La fille ne comprenait pas pourquoi elle était restée si longtemps à Ibiza...

Maud lui expliquait et expliquait encore... l'histoire de son tampon-visa, afin d'être apte à acheter le commerce en Espagne...

Yveline ne comprenait toujours pas, cela lui paraissait tellement débile. Et elle avait raison. Maud eut des nouvelles de Luce. Son «atelier de danse» avait un grand succès. Lou courrait partout, participait aux cours de sa maman... Pointe, flex, pointe, flex... Elle lui manquait beaucoup, plus de sept mois sans voir ce petit bout de chou !!

La veille du départ d'Yveline, une dispute éclata entre ses parents, pour une futilité comme d'habitude. Arthur était à cran, énervé, susceptible. Maud, toujours un peu dépressive depuis Ibiza, ne lui concédait rien. Elle se rebiffa sur une réflexion désobligeante. Une parole en entraînant une autre, il lui lança avec aigreur :

- De quoi te plains-tu ? De quoi manques-tu ? Depuis vingt-cinq ans, je te nourris. Tu as une belle maison, une voiture, je t'ai tout donné pour que tu sois heureuse !

Il lui avait tout donné !! Elle n'avait participé à rien durant toutes ces années ? Qui faisait le ménage, s'occupait de la pâtisserie, puis du club lorsqu'il s'absentait ? Et le réassort du bar ? Et le nettoyage des chiottes ? Les courses ? La banque pour pleurer un découvert ? Les papiers avec le comptable ?

Ose redire devant ta fille que tu m'as nourri pendant vingt-cinq ans ?

Je t'ai tout donné, tu n'es qu'une ingrate !

La colère la submergeait. Ce fut la petite goutte d'eau qui fit déborder le vase. Demain, je partirai avec les enfants et tu n'entendras plus jamais parler de moi, tu ne me nourriras plus.

Et c'est comme cela, qu'elle ne revit plus jamais sa maison. Le pull de Lou commencé et laissé pour une semaine, ne fut jamais terminé. Il l'avait bien possédée. Elle ne pouvait plus jamais supporter ce monstre d'égoïsme, d'égocentrisme, de roublardise et de mensonge. Fini ! Terminé !

Tant pis pour la fermette. Pour tous ses petits trésors amassés depuis vingt-cinq ans, auxquels elle tenait tant. Tant pis pour son piano et son salon chinois...
Tout défilait devant ses yeux. Tout ce qu'elle abandonnait volontairement, plutôt que de vivre un jour de plus avec ce pestiféré. Il lui avait honteusement menti ces derniers mois. Elle saurait pourquoi.

Elle prépara sa valise d'affaires d'été. On était en septembre. Elle se réfugia sur sa belle terrasse pour pleurer comme d'habitude.

La mer roulait sur la plage, onze étages plus bas. Les lumières de la côte s'étendaient au loin.

C'est Arthur qui lui avait fait croire à ce restaurant-fantôme. Jamais elle ne serait partie avec un aller-retour, si elle avait su qu'il n'y aurait plus jamais de retour.
Elle apprit par la suite que son mari avait fait courir le bruit de son départ définitif pour le midi, avec voiture et chien.

Tous «ses» amis l'avaient cru. Arthur était si convaincant lorsqu'il veut... C'était donc elle qui avait tous les torts. Elle l'avait laissé avec les soucis de papiers, la vente de la maison,...

Sa grande amie Claude lui écrivit une longue lettre. Elle lui en voulait d'être partie sans lui dire «au revoir». Mais elle était partie pour une semaine !

C'était tellement énorme, personne ne pouvait croire Maud. Elle, si intelligente (tu parles!), si consciencieuse, aimant tant sa maison...

Heureusement Paul et Mimi avaient été témoins de cette rocambolesque mascarade en venant la voir sur cette île espagnole.

La place étant libre, Arthur avait pu revoir en toute tranquillité sa «marie-couche-toi-là». Il la traînait partout, même chez sa jeune sœur à Lille, lui racontant, sa future installation avec son amie. C'est avec elle, qu'il avait prévu sa nouvelle vie.
Un vrai machiavel...

Son beau-frère n'en croyait pas ses oreilles ! Il avait eu des échos de la vie de Maud à Ibiza par Paul, et la version ne correspondait pas. Un menteur, un tricheur, un affabulateur, un manipulateur, mais tout de même le père de ses filles...

Ce matin-là, en montant dans la petite voiture de ses enfants, elle ne connaissait pas encore le dénouement des mois qu'Arthur avait passé dans la petite fermette...
Elle ne lui dit même pas «au revoir».

«Elle reviendra, comme d'habitude, pensa-t-il. Tout ce bien être va lui manquer, quelle ironie !».

Elle partait avec une valise et cinq cent francs en poche. Ne prenant ni carte bleue, ni chéquier, ni voiture. Par contre, elle emmenait Gito collé à ses baskets et ne regardant plus son maître.

Le parcours fut d'un triste à mourir. Yveline d'habitude si bavarde, n'ouvrit pas la bouche. Maud, tapie au fond de la voiture, Gito sur les genoux, pleurait doucement ses bêtises passées, ses années perdues, ses humiliations.

Elle se vengerait. Elle n'avait que quarante-cinq ans... Elle tournait une page.

Chapitre 11

Ils arrivèrent dans la soirée à Cogolin. Luce désespérée de voir sa maman si triste. Lou lui faisait la fête, sautait autour d'elle, montait à cheval sur Gito. Gendre-chéri aux petits soins pour belle-maman, ne décocha aucune flèche acide dont il avait le secret.

Tu peux rester ici, le temps qu'il faudra, repose-toi et tu prendras ta décision à tête reposée, lui conseilla fille aînée.

Sa décision était prise et bien prise. Têtue comme une bretonne qu'elle était, elle ne changerait pas d'un iota, son nouveau tracé de vie.
Ce monstre l'avait nourrie pendant vingt-cinq ans !! Il n'y aura pas un jour de plus. Ingrat, malotru, sans cœur... Les adjectifs fusaient dans sa tête. Son cœur était de plomb, ses pleurs étaient enfin calmés.
Une nouvelle vie commençait.

Par quel bout allait-elle commencer ? Aucune idée. Mais elle sentait sa force, sa hargne de revivre. Il allait voir si elle ne savait pas se nourrir toute seule.
Beaucoup penseront : cette femme est soit folle, soit maso, en lisant ces pages ! Mais non, rien de tout cela.

On lutte pour l'amour comme on se bat pour la vie. Sans savoir réellement quels sont ses deux triomphes, pour lesquels on ferraille sauf s'ils représentent votre seul trésor. Ainsi, nous battons-nous pour et contre nous-mêmes, pour maintenir, notre corps en état de séduction, notre esprit en éveil et notre cœur ouvert.

L'amour n'est pas conservateur. Il ne saurait s'enrichir en s'économisant. Il doit s'investir, vivre dangereusement, demeurer aux aguets. Ce n'est pas l'habitude qui le tue, c'est la paresse. Or Maud ne fut jamais paresseuse. Elle donna sans y penser. Le don gratuit demeure lucratif. Il produit une sorte de sécurité.

Que peut-on lui retirer, quand elle a mis tout à la disposition de l'autre. D'ailleurs là, maintenant, tout de suite, elle a très envie d'écrire une dernière lettre à Arthur.
Qui sait ? Peut-être lira-t-il ses lignes un jour ?
À mon seigneur et maître !!!

Lorsqu'il y a 25 ans, vous avez eu la bonté de me choisir pour femme (servante), j'ignorais qu'un jour, je solliciterai de votre part, une médaille pour mes bons et loyaux services. Car je vous ai servi avec loyauté et fidélité, reconnaissez-le ? Sans doute grâce à vos critiques (désintéressées), l'avez-vous aidé à devenir parfaite.

Pour m'éviter l'ennui des longues soirées, vous avez même poussé la sollicitude jusqu'à me faire deux (onze !) enfants. Que de reconnaissance je vous dois !

Si mes gages ont toujours été inexistants, vous avez eu la sagesse de me laisser du temps libre dans la journée, pour aller nous amuser à... Travailler ! Ce qui vous évitait de m'offenser en me payant un vil salaire. Devant tant de délicatesse, je reste confondue. Quel maître généreux vous fîtes toujours !

Et si parfois, vous critiquiez ma façon de cuisiner, c'était uniquement pour mon bien. Je vous en remercie. Ainsi ai-je pu progresser dans l'art culinaire pour le plaisir de tous.

Si délaissant quelque peu votre demeure vous avez fait la cour à une brune, une blonde ou même... une rousse, c'était uniquement pour me donner en exemple la tenue de cette personne et me faire acquérir un maintien plus souple.
Merci encore...

Malgré toutes vos bontés, j'avoue Monsieur avoir été tenté de vous rendre mon tablier. Mais vous saviez si bien me réchauffer le cœur (et les pieds !) en me faisant l'honneur de partager votre couche, j'y ai donc renoncé (un certain temps !) n'étant pas une ingrate.

Grâce à vous je suis devenue une excellente cuisinière, une femme de ménage hors pair, une bonne infirmière consciencieuse, une secrétaire dévouée, car vous étiez trop grand seigneur pour ouvrir votre courrier et y répondre vous-même... Une repasseuse de première qualité, une chemise ayant un pli mal tracé repartait directement dans la corbeille à linge sale...

Toutes ces qualités m'ont permis par la suite, de montrer mon savoir-faire dans les plus grandes maisons de France et de Navarre.

Je suis confondue devant tant de mansuétude... Aussi je ne sollicite plus de vous la médaille des vieux serviteurs, mais je vous offre le brevet du meilleur maître et en profite pour vous tirer ma révérence avec toute la déférence que je vous dois...
Ah ah ah !

Une nouvelle vie commençait. Dès l'arrivée du journal local, elle consulta les offres d'emploi. C'était la première fois qu'elle s'attelait à pareille démarche.

Elle entamait un chemin inconnu. Elle avait quarante-sept ans. Nous étions en 1984. Elle désirait changer, tout changer.

Une petite annonce attira son attention. « Cherche personne seule, sans attache, sachant tenir secrétariat, aimant les animaux, urgent, téléphone... ».

D'accord avec Luce, elle appela aussitôt, eût un rendez-vous très vite. Elle devait se présenter chemin y, villa x... Tout le monde connaissait l'endroit. Ah bon ? Sauf Maud qui ne suivait pas vraiment la vie des « people ».

Après un entretien avec une personne très connue à la télévision, petit ami de la star qui cherchait une femme « à tout faire », il lui proposa un mois d'essai. Elle serait nourrie, logée, blanchie pour... deux milles francs par mois ! N'ayant aucune notion des salaires, elle ne marchanda pas, étant d'accord pour tout.

Maud ne sera plus jamais un boulet pour personne. Fille-aînée et gendre-chéri débutaient dans la vie active, pas question qu'elle squatte chez eux. Donc, nourrie, logée, lui convenait parfaitement.

Elle débuta dès le lendemain. Levée à sept heures, préparation des pâtés pour les quarante-quatre chats (!!!) qui entraient et sortaient par la porte et fenêtres jamais closes. Changement des litières. Ensuite arrivait la petite voiture jaune du facteur qui déversait quatre ou cinq gros sacs postaux. La maîtresse des lieux apparaissait vers dix heures et entraînait derrière elle ses quatorze chiens, tous de races, pas de bâtard.

Cela faisait un beau remue-ménage ! Ils avaient droit à tout : grimper sur les canapés, se rouler sur les tapis, lever la pate où bon leur semblait. L'horreur !

Puis elle montait dans son véhicule, entassait son zoo et quittait les lieux pour passer la journée dans une seconde maison où le terrain plus spacieux, laissait aux chiens le plaisir de courir et de s'ébattre.

Durant son absence, Maud s'occupait du courrier. Elle ouvrait chaque lettre consciencieusement. Les missives d'insultes à la poubelle. Les lettres contenant un chèque pour les animaux recevaient en remerciement une photo dédicacée par l'artiste.

Il y avait des centaines de missives à compulser, répondre au téléphone, savoir évincer les intrus et autres indésirables !

Maud prenait avec sérieux son nouveau boulot. Une employée s'occupait de la villa, du repas du soir. Le midi personne ne déjeunait, à la rigueur un café... Maud ne buvait jamais de café...

L'ambiance dans cette maison lui donnait une si forte mélancolie que, sans le vouloir les larmes débordaient. De vrais torrents, impossible à arrêter. Elle fuyait vite vers son petit studio pour calmer ses pleurs, son cœur battant la chamade. Elle allait s'y faire. Il le fallait...

Vers dix-sept heures, la horde entrait ! Les chiens ayant couru toute la journée dans la garrigue, mourraient de faim.

La cuisinière et Maud avaient préparé les gamelles à une place précise, sinon la meute se battait. Elle devait aussi, retenir au plus vite, le nom de chaque animal... cela faisait cinquante-huit noms !! Pour Maud, les chats étaient tous des « moumounes » et des « mimines » et les chiens des « pépères » !

D'ailleurs, ils répondaient très bien à ces pseudonymes. Madame, piqua une crise de nerf et lui intima l'ordre d'apprendre au plus vite tous ces noms.

Maud baissa la tête, serra les dents, se réfugia derrière ses grandes lunettes et écrasa deux larmes. Les nerfs à fleur de peau tiendraient-ils ?

Le repas du soir pris tous ensemble, n'avait rien de végétarien, rassurez-vous ! La cuisinière avait concocté un délicieux lapin de Garenne. Madame buvait force ballons de Bordeaux, certainement succulents. Les autres avaient droit à l'eau... du robinet.

Maud s'était rendue compte que Madame levait bien le coude. Mais bon, c'était son problème... Le week-end passa avec des hauts et des bas.

Elle s'y ferait. Il le fallait.

Le lundi matin, l'ami de Madame remonta à Paris, son travail l'attendait. Il reviendrait le vendredi comme d'habitude. Il adresse deux petites phrases réconfortantes à Maud, puis partit...

Elle préparait son petit-déjeuner, lorsqu'elle entendit une voix hystérique dans son dos :

Je ne veux personne dans la cuisine lorsque j'y suis ! Et ne me regardez pas avec cette insolence !

Insolence ? Maud, dans ses pensées derrière ses carreaux noirs, pensait à tout sauf à dévisager cet épouvantail à moineaux. Les cheveux hirsutes, les yeux bouffis d'alcool, elle n'était pas belle à voir la star des années cinquante...

Maud essaya de s'excuser. Elle balaya ses paroles d'un geste hautain.

- Allez-vous occuper des chats. Ces pauvres chéris ont leurs litières sales. Puis vous irez faire mon lit. Ne changez pas les draps, mes chiens ont l'habitude de leurs odeurs... Beurk !

La chambre sens dessus-dessous, Maud apprit que quatre chiens avaient le privilège de dormir avec leur maîtresse. Les autres dans leurs paniers ou sur les couvertures, répartis dans la pièce autour du lit.

Elle se mit au boulot. Elle secouait les draps, aérait la chambre, lorsque la furie bondit et se mit à hurler dans son dos :

Vous êtes une idiote comme les autres. Ne touchez pas au lit, ne remuez pas les draps, cela perturbe mes chiens chéris, plus intelligents que vous certainement !

Là, elle commençait à chauffer les oreilles de Maud, mais cette dernière à nouveau, s'excusa platement et lui demanda un instant pour finir de parler.

Je n'ai pas le temps. Je pars avec mes chiens. Je ne dois pas les faire attendre.

Un instant, une minute, Madame.

Bien j'écoute vite !

Voilà, j'ai moi-même mon chien, un très joli drahthaar, très propre, très sage, premier prix d'Europe de beauté. Il est chez ma fille, je désirerais le récupérer car il me manque. Quatorze ou quinze chiens, cela ne fera pas une grande différence !

Mais vous êtes folle ! Mes chiens ont leurs habitudes. Ils n'accepteront jamais un intrus, même un champion d'Europe... et moi non plus d'ailleurs.

Voila comment fut refusé l'hospitalité à un pauvre animal déboussolé d'avoir quitté sa maison, son maître, Maud fit mine basse, reprit son travail, très déçue.

La journée se passa... Mille et une tâches l'attendaient. Elle préparait les gamelles sous le porche, en essayant de ne pas se tromper de place (!!), lorsqu'elle entendit l'aboiement de la meute au portail.

N'ayant pas tout à fait terminé, elle les vit foncer sur elle, un chien la bouscula et une gamelle finit au sol avec Maud à quatre pattes... se relevant, elle courut à la cuisine récupérer les deux écuelles restantes, les portant à bout de bras. Elles étaient lourdes et encombrantes. Eclata alors une engueulade dans les règles :

Vous n'êtes qu'une bonne à rien. Mes animaux ont faim. Qu'avez-vous fait toute la journée ? Vous mettez une gamelle par terre et en plus, elles ne sont pas dans le bon ordre...

Sans réfléchir, voyant qu'elle continuait à l'invectiver de plus en plus fort, d'une voix de crécelle, Maud lui jeta les deux récipients qui se faisaient lourds en pleine figure ! Toute la pâté dégoulinait sur ses longs cheveux, le tee-shirt trempée et ses longues jambes nues et fines marbrées par la nourriture des chiens. Elle trépignait de rage, hurlait comme une vraie mégère.

Maud l'ayant assez vue, lui tourna le dos, se dirigea vers son studio et fit illico sa valise.

En revenant sur les lieux du drame, elle avait disparu. Seuls restaient le gardien-jardinier et la cuisinière rangeant les ustensiles vides dans le lave-vaisselle. Les chiens avaient même léché le sol... tout était propre, nickel !

Le gardien demanda à Maud d'aller s'excuser. Madame est gentille, mais un peu dépressive actuellement. Elle vient de fêter ses cinquante ans et apprend en même temps qu'elle est grand-mère... Quelle catastrophe !

Et alors ? Où est le problème ? Ce n'est pas une raison pour être odieuse, juste pour un récipient renversé !

Non, elle partait sur-le-champ. C'était une petite fille gâtée, mal élevée, coléreuse et sans cœur (ça c'était pour son chien Gito !).

Elle téléphona à Luce, lui raconta entre deux hoquets sa mésaventure et retourna à Cogolin sans l'ombre d'un regret.

Le petit ami de Madame la star la relança plusieurs fois. Il s'excusait, trouvait des circonstances atténuantes au caractère aigri de cette femme, il fallait que Maud revienne. Elle l'appréciait et désirait son retour lui apprit-il (ah bon ??) : et bien non, trois fois non, dix fois non.

Elle n'y retourna pas. Personne ne lui régla sa semaine de galère, prouvant la mesquinerie et la radinerie de cette « Madame ».

Voilà, retour à la case départ. Comme un bon petit soldat, elle s'attela aux annonces « offres d'emploi ». Mais c'était difficile, on lui demandait des références, elle n'en avait aucune... son âge, elle n'avait plus vingt ans... ses prétentions, elle avait été patronne vingt-cinq ans...

Elle se souvint qu'à Cagnes-sur-Mer se trouvaient des amis d'enfance : Ginou et Clo-clo son mari. Ils habitaient dans la même ville durant leur jeunesse : Constantine. Maud allait au conservatoire avec Ginou et Arthur jouait dans le petit orchestre de son frère. Munie de leur adresse, elle les contacta, leur rendit visite.

Quelle joie de se retrouver ! L'émotion trop forte leur fit verser quelques larmes. Ils parlèrent du bon vieux temps, souvenirs, souvenirs... Plus de vingt ans s'étaient écoulés depuis leur séparation de juin 1962, mais tout restait intact dans leurs mémoires. Ils étaient désolés des déboires de leur amie et promirent de prospecter de leur côté.

Quelques jours plus tard, elle obtenait une adresse, un téléphone. Rendez-vous fut pris. Après un premier entretien, elle fut embauchée. Maud devait s'occuper de la maison, des repas (léger, très léger, « because » la ligne) de la lingerie, du téléphone. Elle serait logée, nourrie, et comble de joie, ce couple acceptait Gito, le drahthaar qui ferait un excellent chien de garde dans leur propriété de Saint-Paul de Vence.

Elle était contente, ne se débrouiller pas mal. En un mois, elle avait trouvé du boulot chez des personnes charmantes, des allemands, jeunes et sympathiques. Lui, agent immobilier international, ne parlait pas un mot de français, elle, mannequin chez Dior, avait une belle paire de gambettes.

Elle maniait parfaitement la langue de Molière. Ils passaient quinze jours en France, quinze jours en Angleterre. Il lui laissait une petite voiture pour s'occuper des achats et elle eut même l'autorisation de s'en servir le week-end pour aller à Cogolin. Le pied !!

Gito était heureux. Il gambadait dans la propriété, courrait derrière la moindre feuille qui s'envolait, dormait dans la chambre de Maud, gardait fidèlement la propriété. Il passait des après-midi entiers à jouer au ballon avec Monsieur Dieter. Et oh ! Surprise, il comprenait la langue de Goethe et de Shakespeare ! En les voyant Maud se demandait lequel des deux était le plus heureux. Tout se passait bien, trop bien...

Un matin, deux jours avant Noel, le mannequin fit ses bagages elle-même. Toutes ses valises s'entassèrent dans la Mercedes, les skis sur le toit et elle démarra avec force et cris !

Que se tramait-il donc ? Maud ne comprenait un traître mot d'Allemand, mais cela avait l'air d'être grave.

Monsieur Dieter éploré, se saoula à la bière. Rond comme un ballon, il déambulait dans la villa, criant, jurant, vociférant. Maud eut peur. Elle prit Gito et s'enferma à double tour dans sa chambre. Il vint frapper plusieurs fois à la porte. Gito, les babines retroussées, grognait exactement comme dans le studio d'Ibiza. Elle n'ouvrit pas, fit celle qui dormait... Puis les bruits se calmèrent.

Elle attendit un moment, sortit prudemment, le chien sur les pieds. Toutes les lumières de la maison brillaient. Le bonhomme affalé sur un canapé ronflait comme un sonneur, des canettes vides jonchaient le sol.

Elle éteignit « Versailles », ferma portes et fenêtres et s'enferma dans ses appartements. Le lendemain vingt-quatre décembre 1984, il neigeait. Le pauvre homme hébété ne savait que répéter :

Excuse me, excuse me... my dear.

Maud lui décrocha un large sourire, lui prépara un solide breakfast puis lui mit la laisse de Gito dans la main :

Let's go in the garden with my dog.

Yes, excuse me.

Chouette, ils allaient pouvoir converser, se comprendre un peu mieux que dans la langue teutonne.

Elle rangea tout le désordre de la veille. En préparant le déjeuner son instinct la prévenait : quelque chose allait changer.

Les jours passaient...

Son employeur se saoulait régulièrement chaque soir. Toujours à la bière, mais proprement, c'est-à-dire : canettes dans la poubelle et vêtements rangés dans sa chambre.

Il lui annonça désolé qu'il devait rejoindre l'Allemagne pour ses affaires. La villa serait fermée et gardée par une société spécialisée. Il lui proposait de l'emmener à Munich comme gouvernante.

Surprise, Maud une fois de plus ne réfléchit pas assez et refusa. Elle préférait rester sur la côte d'Azur... Une bêtise de plus qu'elle regretta par la suite...

Monsieur Dieter avait des relations. Il se mit en quête par téléphone afin de lui trouver un job. Ce fut chez un lord anglais et sa femme à Monaco.

Elle passa tout un dimanche pour leur montrer ses compétences. Et la voila, affublée d'un chignon, d'un tablier blanc empesé et d'une coiffure style victorien. Bof ! Quelle importance ? Même un habit de clown l'aurait laissée de marbre...

Le vieux Lord était charmant, correct « quiet », mais sa Milady, une vraie peau de vache. Elle se terrait dans une immense chambre, peu éclairée, volets baissés, une flopée de coussins dans son dos, trois robes de chambre d'une sur l'autre, attendant avec terreur « SA » crise d'asthme.

Maud n'eut jamais le plaisir ou le déplaisir (!!) d'assister à la moindre crise. Milady avait également, à porté de main, une clochette en cristal qui perçait le tympan de tout l'appartement à chaque tintement.

La journée se terminait, Maud sur les rotules entendit des compliments concernant son service et son écoute. Milady lui fixa rendez-vous pour le trois janvier 1985. Elle l'attendait pour seize heures trente précise avec sa valise et des vêtements chauds. Très chaud précisa-t-elle en la quittant. Et pourquoi donc se demanda Maud ?

Elle rentra à Saint-Paul de Vence avec la voiture de son gentil employeur. De gros flocons blancs tournoyaient sur le pare-brise. Le froid s'installait sur la Riviera.

M. Dieter la reçut avec son grand sourire habituel, Gito couché à ses pieds. Il se leva, la conduisit vers la salle à manger et surprise... Il avait dressé la table, ouvert des boîtes au hasard. Une bouteille de Bordeaux trônait déjà débouchée. Elle en resta bouche bée. « My god, my god ».

La conversation s'engagea entre eux deux, mi-français, mi-anglais. Maud avait perdu un peu de son vocabulaire, il était donc difficile de se comprendre pleinement. Il causait de sa femme, « Miss Dim » de l'Allemagne, elle lui répondait en parlant d'Arthur, de ses mésaventures. ... En fait chacun parlait pour soi, n'écoutant l'autre que superficiellement. Chacun avec ses peines et ses désarrois...

Ce fut tout de même une soirée formidable. Il ne but aucune bière, dégusta le Bordeaux en fin connaisseur, eut l'air de se sentir soulagé d'avoir pu converser, sans se demander si Maud avait compris un seul mot de son bavardage.

Mais quelle importance !!
Chacun rejoignit ses appartements. Gito toujours contre la porte de la chambre, montait la garde.

Le lendemain, veille du Jour de l'An, elle descendit au village pour quelques courses. La neige tombait de plus en plus dense. Elle remonta difficilement la côte du « Mas d'Artigny », légèrement verglacée. Elle descendit encore plus délicatement le chemin des « Gardettes » très abrupt. Si le temps continuait de la sorte, la villa risquait d'être isolée.

La journée se passe en rangement de la maison, préparation des habits de Monsieur Dieter. Elle confectionna un souper sans allant, sans courage et sans joie. Aucun bruit côté bureau, il devait mettre de l'ordre dans ses papiers.

Une fois la table mise, quelques décorations et des bougies pour l'égayer, elle regagna sa chambre, la gamelle de Gito à la main. Elle n'avait aucune envie de réveillonner. Elle ferma sa porte à double-tour, Gito faisait bombance, avec son repas-réveillon. Allongée sur son lit, elle sentait une grande solitude l'envahir. Ses premières fêtes de fin d'année seule, sans ses filles, sans sa petite Lou, sans Arthur...

Les souvenirs des réveillons passés défilaient dans sa tête. Bien sûr les larmes arrivèrent. Impossible de les retenir, elle n'essaya même pas ! Que n'aurait-elle donné pour être au pied du sapin à la « Gentilhommière » ?

Lou ouvrant les paquets, les cris de joie bourdonnaient à ses oreilles. Elle fermait les yeux très forts. La cheminée crépitait. Les bougies allumées comme elle les aimait. Il y en avait partout, de toutes tailles, de toutes couleurs et de toutes formes.

Des odeurs de cuisines arrivaient jusqu'à elle. Tout serait prêt à l'heure, pour un réveillon familial, plein de bonheur et d'amour.

Patatras !

Elle sortit de son rêve, par les coups assénés contre sa porte :

Madame, madame, open the door, please.

Ouille ! Au son de la voix elle comprit que Monsieur Dieter avait abusé de la bouteille...
Il était beurré de chez beurré !

D'ailleurs Gito, les babines retroussées, le museau sous la porte, grognait d'une méchante façon. Elle s'enfonça dans son lit, mis la couverture sur sa tête, se boucha les oreilles des deux mains. Recroquevillée, elle attendait qu'il se fatigue. Mais il tapait de plus en plus fort, remuant la poignée d'une façon inquiétante.

Son état d'ébriété l'empêchait d'entendre les grognements du chien. Il secouait la porte avec hargne, donnait des coups de pied. Gito se mit à aboyer méchamment.

Jamais, jamais en douze ans, Maud n'avait vu son chien dans un tel état d'excitation.

Les coups s'arrêtèrent. Elle entendit un meuble choir dans le hall, puis les bruits d'un verre tombant au sol. Puis... plus rien. Gito se calma progressivement. Sans aucune permission, il sauta sur le lit, s'allongea le long de sa maîtresse et resta aux aguets.

Elle se calfeutra dans sa chambre. La maison devait être à nouveau « Château de Versailles », mais cela lui était égal. Elle avait toujours eu peur des hommes pris de boisson.

Drôle de nuit de réveillon... Elle dormit peu. Le matin du premier janvier en ouvrant sa fenêtre, elle découvrit un immense tapis blanc. Elle autorisa son chien à sauter à l'extérieur. Il se retrouva dans la neige à mi-corps. Sa mine hébétée la fit sourire et le voila caracolant, bondissant par sauts savants, s'ébrouant après avoir reçu une masse de neige tombée d'un arbre sur son dos.

Le laissant à ses ébats joyeux, elle se hasarda dans la maison calme, illuminée comme pour un quatorze juillet.

Rien n'était changé, rien n'était dérangé. Il n'avait pas soupé. La table dressée de la veille, montrait sa tristesse. Le foie gras à la poubelle, idem pour la langouste thermidor, après avoir passé une nuit sous les sunlights, elle montrait des yeux plus que vitreux... tout à la poubelle !

Le téléphone sonna. Ses amis de Cagnes lui souhaitaient « bonne année » ! et l'invitait ainsi que Monsieur Dieter à déjeuner chez eux.
Maud lui relata la soirée brièvement, ne leur promit rien, ne sachant dans quel état se lèverait son employeur...

Elle le vit sortir de ses appartements, la tête ébouriffée, la mine chiffonnée, mais un sourire lumineux sur les lèvres « happy new year ». Il lui plaqua un baiser sur chaque joue, ayant complètement oublié la soirée du Trente et un décembre.

Alors oublions.... Elle lui fit part de l'invitation. Il accepta en tapant des mains, joyeux comme un enfant. Il fonça à la cuisine et se mit à vider tous les placards dans de grands sacs poubelles « pour vos amis, pour vos amis ».

Ginou allait avoir du papier toilette, de la lessive, des éponges, etc. pour six mois. Elle se demanda pourquoi les Allemands entassaient tant de réserve ! Peut-être un reste inconscient des guerres ! Ils ont toujours peur de manquer de produits d'entretien.

La voiture remplie, Gito la tête entre un paquet de p.q. et les fesses sur une montagne de serpillères, les voila partis, mais pas encore arrivés ! La neige tombée toute la nuit, verglaçait avec le jour. Maud au volant, Monsieur Dieter poussant, la voiture finit par grimper. Ils mirent deux heures pour faire dix kilomètres.

Arrivés à destination, ce que Maud avait pensé se vérifia : Ginou et Clo-clo écroulés de rire en voyant le magasin ambulant arriver chez eux.

La journée se passa en rire et bonne humeur.

Arriva le jour fatidique du 3 janvier. Maud se prépara. Entre-temps Yveline était venue récupérer Gito. Ils se quittèrent dans une grande tristesse, même Monsieur Dieter versa une larme.

Charmant et serviable jusqu'au bout, il l'accompagna jusqu'à Monte-Carlo. Les routes étaient mauvaises, ce ne fut pas chose facile. La baronne faillit attendre ! Elle resta ébahie en voyant Monsieur Dieter portant la valise de son employée. Ils parlaient tous deux un anglais trop rapide. Maud ne comprit que quelques phrases. Elle le raccompagna à la porte. Il lui proposa encore de venir avec lui à Munich, mais Maud était déjà ailleurs...

Toute sa vie elle se souviendra de cet homme adorable, si grand, si fort et pourtant si fragile, à cause d'une femme trop gâtée qui l'avait plaqué.

La neige tombait de plus en plus drue. La baronne de plus en plus énervée agitait sa clochette toutes les trente secondes, pour un oui, pour un non.

Elle fit part à Maud de leur départ pour New-York, lui demanda de l'accompagner : « My dear, my dear ! ». Maud complètement paumée, abrutie par le manque de sommeil accepta, surtout qu'elle lui proposait un salaire plus que confortable. Oui mais son passeport était périmé. Qu'à cela ne tienne, elle fit appeler un coursier de l'hôtel de paris, lui remit le passeport, de l'argent pour le voyage, et il partit sur-le-champ, direction l'ambassade des Etats-Unis à Marseille. Un petit mot personnel accompagnait le tout.

Le soir, le coursier revint : passeport visé.... Maud pouvait partir. La baronne lui confirma le vol pour le 9 janvier. Vu l'état des routes, elles prirent l'hélico Monaco-Nice, puis un avion Nice-Londres et enfin le concorde Londres- New York... Lorsqu'on a les moyens, on ne se prive de rien...

Le voyage en Concorde fut épique. De ce bel oiseau, elle ne vit rien extérieurement. En arrivant à Londres, une ambulance les attendait et les emmena directement à l'infirmerie de l'aéroport. Là aussi il neigeait. Dix minutes avant le départ, un infirmier conduisit la baronne jusqu'à la passerelle sur un fauteuil roulant... Maud suivait, chargée comme un baudet des bagages à main de cette malade imaginaire. Enfin, elles furent installées sur leur fauteuil réceptif. La baronne prit aussitôt le masque à oxygène, demanda une inhalation suivi d'un thé. Puis le plateau repas fut servi. Là, plus de malade, elle dévora, demanda un peu de « rab » et masque sur les yeux, oxygène dans le nez, double couvertures sur les genoux, elle s'assoupit enfin !

Maud pensa qu'elle voyageait avec une folle. Elle lui avait fait endosser une blouse blanche, qui la déguisait un peu en infirmière ! Infirmière ? Elle qui se trouvait mal à la vue d'une seringue ! Dans quel guêpier s'était-elle encore fourrée ?

Trois heures après, elles arrivaient. Elles avaient passé mach II.

La baronne excitée, avait peur de perdre un sac... mais n'en portait aucun. On vint la chercher en priorité, nouveau fauteuil roulant à la porte de la carlingue.

Maud à l'arrière, essayait de suivre. Le Concorde a beau être un bel oiseau blanc, le passage était étroit. Les bagages de cette folle, plus les siens, elle avançait péniblement. Elle sentit que le poids sur son épaule gauche s'allégeait. Elle se retourna et vit un hindou magnifique, grande moustache bien peignée, turban sur la tête orné d'une... émeraude (peut-être une vraie?), costume blanc impeccable, un large sourire dévoilant une dentition parfaite.

Très chère, laissez moi vous aider et sauvez-vous vite. Cette femme est très méchante et grande comédienne.

Tout cela dans un français parfait. Allait-il lui proposer de l'amener aux Indes celui-là ? Elle s'attendait à tout maintenant... Elle l'aurait suivit au bout du monde.... Mais là, c'était une utopie !

Au bas de la passerelle, il remit les bagages à une employée et partit en la saluant d'une main sur le cœur.

Elle suivit sa baronne, la tête basse non plus dans les nuages, mais regardant où elle posait les pieds. L'aéroport Kennedy était immense, elle se retourna brièvement et aperçut enfin le fuselage du bel oiseau « Concorde ».

La voila sur le sol étranger, fatiguée dans sa tête et dans son corps, n'arrivant même plus à penser. Tout allait trop vite. Elle fuyait, fuyait, mais pour aller où ? Elle devait changer de vie... encore. Le trajet Aéroport Manhattan se fit lentement. La circulation et le mauvais temps empêchant la limousine d'avancer, au grand dam de Milady.

Il neige aussi sur New-York, avec un petit moins dix au baromètre. Finalement, elles arrivent devant un immeuble somptueux. La baronne ne se prive de rien : portier tenant les battants de la porte-tambour, bagagiste vidant rapidement le coffre des valises, malles et petits sacs de voyage.

A peine descendue de la limousine, elle commence sa comédie. Il fait froid, elle va attraper une grippe, très mauvais pour son asthme. Vite Maud doit apporter le thé, préparer l'inhalation, lui donner ses gouttes, sans oublier pilules et cachets.

Elle apporte, elle court, elle se cogne dans les couloirs inconnus. Il est vingt-deux heures aux USA. Maud est sur les rotules, la tête qui tourne, elle doit continuer sans relâche à s'occuper de cette « malade imaginaire ». Sait-elle que l'esclavage est aboli aux States ?

Milady a faim! Comment le souper n'est pas prêt ?

Quick, quick, stupid girl !

Maud commence à trouver l'histoire un peu désagréable... Elle est debout depuis six heures du matin... en France il est trois heures du matin... du lendemain, et la Milady à toujours besoin de quelque chose : une bouillotte pour ses pieds, une nouvelle inhalation, la précédente est froide, un thé bien chaud pour sa gorge. Elle n'arrête jamais ?

Finalement, à quatre heures du matin, heure française, Maud peut enfin s'allonger, toute habillée sur un espèce de lit de camp, genre pucier, dans une pièce exiguë de l'arrière cuisine. Elle est si fatiguée que le sommeil n'arrive pas... ; et dans les brumes lointaines, elle entend soudain le ballet de la clochette s'agitant frénétiquement.

Ca recommence ! Qu'elle heure est-il donc ? Midi !... mais non, elle n'a pas encore mis sa montre à la bonne heure ! Il est donc six heures du matin.

Elle se précipite dans la super chambre de la baronne. Là, tout est luxe. L'appartement fait trois cents mètres carrés, meublé d'antiquités, de cristaux, d'argenterie, de petits bibelots, tous plus précieux les uns que les autres. Des télévisions dans chaque pièce dont une immense au pied de son lit, allumée jour et nuit.

Il faut s'occuper de la Milady. Inhalation, thé chaud, bien chaud, pilules du matin, la valse recommence.

Maud court d'une pièce à l'autre, un peu désorientée, ne connaissant pas encore très bien les lieux. Un regard rapide vers la fenêtre lui laisse entrevoir des immeubles gris, sombres, affublés d'escaliers extérieurs de sécurité.

Il neige abondamment. Pour voir le ciel, elle doit se pencher à mi-corps. Les buildings alignés les uns contre les autres grimpent vers les nuages. Tiens ! Elle ne sait même pas la hauteur de leur demeure ! Elle se renseignera. Pour l'instant, la clochette la ramène à la réalité.

Quick ! Quick ! La tisane n'est pas encore servie ? Il faut se presser, elles sont attendues dans un hôpital sélect. Ah bon ? Parce qu'il en existe des minables ? La tisane prise, elle réclame son broc d'eau chaude.

Quel broc ?

Mais pour mon injection vaginale. Hygiène, hygiène, ah ! Les Français ne connaissent rien à l'hygiène !

Le premier jour, Maud consciencieuse, fait bouillir l'eau, la fait refroidir... au fil des jours qui passent, elle laisse couler l'eau chaude et au diable les microbes ! Elle ne se casse plus la tête. Une chose de gagnée !

Il est l'heure de partir pour l'Hôpital. En apprenant la température extérieure, elle s'affole, et la voilà enfilant trois pantalons l'un sur l'autre, quatre pulls, trois gilets, une grosse veste et pour couronner le tout, son manteau de vison lui tombant jusqu'aux pieds, avec chapeau assorti. Deux foulards termineront l'accoutrement de cet épouvantail. Maud la dévisage ahurie. Elle a doublé de volume et ressemble au petit bonhomme des pneus « Michelin »...

Elle enfile à son tour son manteau, tout simplement, ne retrouve plus ses gants... bof... ne prend aucun sac à main, elle doit porter celui de la baronne, lourd comme une valise.

La limousine est prête. Un chauffeur style « Uncle Ben's », toutes dents dehors, ouvre les portières et en route pour la visite de New-York. La voiture, bien que très grande, se faufile au milieu de la circulation très dense, des taxis jaunes par dizaine, centaines ayant priorité.

Malgré la neige qui tombe en abondance, les boulevards sont nettoyés, propres. Nous sommes sur la Ve avenue. De grosses volutes de fumées sortent du sol, certainement les aérations du métro.

Des personnes en guenilles s'agglutinent autour de cette source de chaleur, frottent leurs mains, tapent des pieds, chaussés sommairement. Certains sont entourés de sacs plastiques pour garder leurs souliers troués au sec.

Les voilà à destination. La limousine affublée d'un badge entre dans ce luxueux hôpital, comme chez elle et dépose Milady devant la porte de son cher médecin.

Son œil s'est éclairé, sa mine à rosi, fébrile, elle arrange ses vêtements, coquette elle jette un œil au rétroviseur !

Quoi ! Tout cela pour une visite médicale ? Maud n'est pas au bout de ses surprises. Durant tout son séjour à New-York, elle ne visitera que des hôpitaux et rien d'autre. Quatre fois par semaine, elles prendront la limousine avec « Oncle Ben's ». Elle aura le droit à la même promenade : les hôpitaux. Malgré ses demandes, la Baronne lui interdira de sortir seule :

-New-York est une ville dangereuse, vous risquez des accidents et je ne veux aucun incident durant notre séjour.

Lui ayant subtilisé son passeport, elle ne lui donnera que quelques dollars pour ne pas qu'elle soit volée... Elle la prend pour une débile ou quoi ? Elle pourra s'acheter quelques revues françaises et joie : « Nice-matin » de la veille dans le hall du building.

Donc, pas de sortie, pas de jour de repos, au boulot sept jours sur sept. Et la vie continue sous ce ciel lourd, toujours brumeux. S'il ne neige pas, il pleut.

Maud ne se sent pas bien. Elle dort très mal dans son petit débarras. Son appétit coupé, elle se met aux petites graines, germes de blé, lécithine de soja, plus des litres d'eau pour faire descendre cette pâté lourde et gluante. Ce sont les deux seuls aliments qu'elle arrive à ingurgiter.

Elle a la surprise de recevoir un télégramme d'Arthur, lui souhaitant un joyeux anniversaire avec lettre suit.

Toute heureuse, elle tourne et retourne ce papier entre ses doigts. Il pense à elle, son cœur bondit à nouveau, les larmes arrivent inexorablement, les souvenirs suivent. Les bons, les mauvais, tout se mélange, sa tête tourne, elle s'allonge sur son lit de camp.... Lettre suit !!! Quel bonheur ! Enfin du courrier, des nouvelles. Elle se sent si seule, si dépaysée, ne causant qu'à cette folle, ne voyant qu'elle et avalant un lexomil qu'elle a chipé pour pouvoir dormir sans rêve.

Le courrier tant attendu arrive, strict, sec, sans aucun mot pour la réconforter. Simplement un papier lui demandant procuration sur la vente de la maison. « Sa » maison, sa gentilhommière va être vendue. Son cœur bat la chamade. Elle doit mettre ses deux mains sur la poitrine pour calmer les bonds douloureux qu'il lui fait subir.

Elle s'écroule sur son tabouret, lit et relit les quatre lignes d'Arthur pour être sûre de ne pas avoir loupé un mot. Non tout est là. Tout est dit. La maison se vend, juste pour son anniversaire comme cela avait été prédit deux ans auparavant.
Bien sûr elle signa la procuration, niaise comme d'habitude. Elle était si loin, comment agir autrement ?

Elle lui fit une longue lettre, lui demandant de la tenir au courant, lui faisant part de ce qu'elle désirait garder, de ne pas disperser aux quatre vents ses souvenirs, ses photos, ses livres, son piano. Quelle utopie ! Elle n'eut aucune réponse. Elle écrivit à Luce, qui lui répondit que son père se débattait au milieu de la paperasserie, qu'il vendait meubles, objets, livres, bibelots. Il ne gardait que l'indispensable, pour emplir sa voiture et partir.

Et les jours s'écoulaient tristes, mornes, dans cette mégalopole qu'elle haïssait. Son moral au plus bas, elle prévint la baronne de son désir de rejoindre la France.

Dans trois mois, lorsque votre visa sera périmé, donc à Pâques.

A Pâques ? Mais jamais elle ne tiendra jusque là...

La sonnette retentissait de plus en plus, de jour comme de nuit. Il lui arrivait de passer toute une nuit sur un fauteuil, à ses côtés, pendant que cette folle ronflait attendant et craignant « SA » crise d'asthme.

Les disputes éclataient souvent. Maud ne pouvait tenir debout vingt-quatre heures sur vingt-quatre. Les traits tirés, flottant dans ses habits, elle déambulait comme une somnambule dans cet immense appartement.

Après un incident plus sérieux que les autres, la baronne engagea une petite négresse « sans plateau », Rosy, adorable, seize ans, mais parlant l'anglais de Brooklyn, donc impossible de communiquer si ce n'est par geste.

Là, Maud put apprécier toute la méchanceté de cette femme. Elle traitait la pauvre gamine comme un chien.

Elle qui avait été attorney général de New-York durant quarante ans, savait-elle que l'esclavage était terminé ?

Rosy, véritable esclave des temps modernes, n'avait le droit qu'aux restes des repas de la baronne. Elle suçait les os restant dans son assiette. Si Rosy s'endormait ivre de fatigue, à même le sol, elle la réveillait à coups de pied dans les reins, le dos, la poitrine.

Maud outrée, dégoûtée de cette vieille peau, se vengeait avec les moyens du bord. Elle lui apportait sa sacro sainte tisane, crachait dans la théière et la lui présentait tout sourire !!!

Le jour où elle quitta New-York, elle ne lui serra même pas la main, la laissant bras levé, interdite de la façon dont cette mal éduquée la traitait en retour, sans aucun remord.

Luce vint la chercher à Roissy, et faillit ne pas la reconnaître. Elle avait perdu onze kilos et ses cheveux étaient devenus tous blancs... Première chose : coupe, coloration. Maud se laissait conduire, comme une enfant. Elle avait perdu sa joie de vivre, s'habillait sans le moindre goût, ne touchait à aucun plat, préparé avec amour par sa fille, se contentant de son germe de blé et sa lécithine de soja.

Puis doucement tout revint. Lou avait grandi, était adorable, coquine, lui montrait ses talents de danseuse, enfilait son tutu. Elle sut rendre le sourire à sa mamie, ce fut son meilleur remède.

Elle qui avait déjà tant souffert et qui essayait de panser ses blessures secrètes, n'aimait guère le mot bonheur. Elle le trouvait niais et douloureux. Pourtant là, en retrouvant son petit bout de femme, sa Lou chérie, elle avait envie de réviser son opinion. Elle évoluait lentement mais sûrement vers une nouvelle vie. La route était dure, semée d'embûches. Elle qui n'avait jamais été commandée, si ce n'est par Arthur, s'obligeait à plier l'échine sous les ordres.

Elle y arriverait. Elle trouverait un travail plaisant. Ses études au conservatoire étaient un peu loin, mais elle se souvenait de tout. Elle pouvait déchiffrer une partition sans se tromper de tonalité. La dextérité de ses doigts n'était plus tout à fait la même, mais elle se remettait aux gammes et aux arpèges, dès qu'elle serait en état d'acheter un piano.

Elle apprit par Luce qu'Arthur avait vendu son beau Pleyel noir, sans lui en parler ! Cela lui fit mal. Mais son changement devait passer par ces sacrifices. Elle s'y attellerait avec force et conviction.

Une première moitié de son existence se terminait. Elle se jurait de profiter au maximum de la seconde.

Elle resta une semaine chez ses enfants, elle s'arracha avec douleur de leur cocon familial. Elle devait partir loin, loin du Nord où vivait Arthur.

De lui, point de nouvelles. Elle apprit qu'il n'habitait plus la gentilhommière maintenant vendue. Elle écrivit au notaire et sut que les fonds étaient bloqués. Comme son mari détenait la procuration, c'est lui qui la renseignerait dorénavant.

Pas encore très bien remise de son séjour aux U.S.A., elle pensa que sa priorité était de chercher un travail. Elle avait bien gagné sa vie durant ses trois mois, mais ne devait pas dépenser son pécule à ne rien faire. Elle reprit le train. Ginou et Clo-clo l'attendaient à la gare. Ils la logèrent le temps de retrouver du boulot.

Ce fut vite fait. Nice-Matin « petites annonces » était une mine d'or pour ceux qui voulaient travailler. Elle dénicha « quatre-lignes » lui convenant, téléphona, obtint un rendez-vous. La première entrevue se révéla satisfaisante, elle fut embauchée sur-le-champ. Son travail consistait à s'occuper de onze chats (décidément...), tous ses persans magnifiques, mais à qui tout était permis. Ses employeurs, de riches commerçants niçois, possédaient une maison conçue et aménagée pour le bonheur et le confort de leurs bêtes. Ils les considéraient comme leurs enfants, allant jusqu'à célébrer le baptême des nouveaux petits chatons en offrant des aumônières de dragées !

Il faut de tout pour faire un monde. Maud les regardait évoluer, loin, loin, très loin de ses idées. Elle adorait les animaux, mais sans exagération.

Cela dura un mois, elle démissionna, trouvant ce boulot un peu débile et ne lui apportant rien humainement.

Entre-temps, tous les week-ends, elle retournait dormir chez ses amis. Avec Ginou elle consultait les annonces d'emploi. Elle en trouva une nouvelle, essaya huit jours, mais non, cela ne lui convenait pas.

Puis un dimanche ce fut la bonne. A cinq kilomètres de Cagnes, elle rencontra un jeune couple, deux enfants, une très jolie maison au centre d'une pinède, un petit appartement pour elle dans une aile de la villa : Byzance !

Ils partaient le matin, Maud devait s'occuper des enfants jusqu'au soir, faire les courses, les repas, etc., etc. en un mot, gérer la maison. Le monsieur adorable aurait pu être son fils. La dame très mondaine, très belle, bcbg, grimpait dans sa décapotable, un coquet bibi sur le coin de la tête, de petits gants blancs pour tenir son volant, un coup de klaxon pour dire au revoir aux enfants :

A ce soir, bye.

La vie s'écoulait paisible. Une voiture était à la disposition de Maud. Le petit garçon, gâté à outrance lui menait la vie dure, elle le matait avec douceur mais fermeté. La petite fille, tout juste trois ans, lui faisait penser à Lou. Elle s'en occupait comme une mamie. Il n'était pas rare de la découvrir couchée dans la chambre de Maud, son doudou dans les bras, endormie tel un angelot.

Chaque week-end était réservé à ses amis. Avec Ginou, elle retrouvait leur complicité du conservatoire. Elles passaient toutes deux, des après-midi à faire des quatre mains comme au bon vieux temps. Parfois entre une sonate et un rondo, elles s'arrêtaient et se remémoraient leur passé, si riche en souvenirs simples.

Un dimanche matin, feuilletant son Nice-Matin, Maud découvrit une rubrique la laissant pantoise ! Le premier étonnement passé, un fou-rire la prit.

Ginou, viens vite ! Lis ce que je viens de dégoter !

« Petites annonces rencontres » Et les voilà toutes deux penchées sur le canard, riant à gorge déployée.

Vois, celui-là ! Beau, grand, viril, aisé, jeune… As-tu remarqué ? Aucun n'est laid, pauvre ou idiot !

Riant de plus en plus fort, Clo-Clo vint se renseigner sur leur hilarité. Il se mit carrément en colère. Lui, si calme, posé, prend une rage noire, dispute sa femme et Maud dans la foulée.

On arrête les sottises, plus de Nice-Matin le dimanche !

Ouaha !! Toutes deux se marrant encore sous la cape, se retirèrent dans la cuisine. En préparant le repas, elles se donnèrent mutuellement de grands coups de coude dans les côtes, mais muettes comme des carpes pour ne pas alerter le Clo-Clo jaloux !

Le train-train de la semaine reprend. Les enfants, les courses, la maison… mais le soir Maud repense aux petites annonces. L'idée chemine dans sa tête. Elle ouvre le journal, qu'elle avait pris soin de subtiliser et en catimini, se remet à lire les quatre ou cinq lignes parfois débiles, mais d'autres fois pleines d'espoir et même d'amour, de personnes désirant briser leur solitude.

Depuis plus d'un an qu'elle a quitté Arthur, elle n'a jamais pensé à un autre homme. Elle se repose du côté libido. Elle est tranquille, rien ne lui manque (croit-elle…).

Ces quelques lignes parcourues en riant, la laisse perplexe. Elle n'aurait jamais pensé auparavant que pareilles écritures puissent exister. Elle remit le nez dans le « canard » et sans s'en rendre compte, en cochât certaines, barrant fermement d'autres, puis se coucha. Son esprit vagabondant. Jamais elle n'aura le courage d'écrire à un inconnu. Ecrire quoi d'abord ?

Ca y est ! Son éducation stricte remonte à la surface. Pourtant elle doit évoluer, c'est essentiel pour elle. Elle doit revivre normalement et le normal passe fatalement par l'homme avec ses bons côtés, ses qualités et ses défauts.

Cette pensée la surprend tellement qu'elle en reste toute ébahie... mais bien sûr ! Sinon elle se serait faite nonne !!! Non là cette idée est encore plus extravagante et saugrenue que la première.

Ne sortant pas, détestant les bars et les boites de nuit, les ayant bien trop fréquentés pendant vingt ans, connaissant cette faune sous tous les angles. Sur la côte elle n'avait aucune relation, hormis Ginou et Clo-Clo soudés par vingt-cinq ans de mariage.

C'est ma seule issue de secours. Je vais essayer et ne dirai rien à personne.

Honteuse du tournant qu'elle était en train d'amorcer à cent quatre-vingt degrés vers l'inconnu.

Maud regardait sa vie de femme terminant sa quarantaine, d'un œil tendre et froid. Une existence fertile en succès comme épreuves, en petits bonheurs, comme en déconvenues. Les enseignements qu'elle croit en tirer ce soir-là, avec Nice-Matin sur le coin de la table de nuit se résument en une phrase qui pourrait tenir lieu de devise :

« Apprenez à vous accepter comme vous êtes et battez-vous pour tirer avantage de tout, même des coups durs.

Les semaines passent. Les petites annonces se calent dans un coin de son cerveau. Pour l'instant elle doit faire face à d'autres problèmes plus urgents.

Son travail lui plaît, elle apprend à obéir sans rechigner. Elle se transforme et évolue, essayant d'oublier toutes ces années passées à se faire obéir par son personnel, de n'avoir aucun horaire précis et de vivre dans l'ombre d'Arthur. Le plus dur pour l'instant est d'être toujours à la merci des autres. Elle, si indépendante dans ses idées.

N'ayant aucune moyen de locomotion personnel, elle apprend à courir derrière les bus, essaie de ne pas louper départs et arrivées des T.E.R. Sa montre est devenue son bien le plus précieux.

La voiture devenant indispensable, Clo-Clo lui en trouve une, pas de toute première jeunesse, mais munie d'un moteur rugissant tel un lion. Ouf ! Elle avance. Après avoir conduit Turbo, Mercedes et autres engins flambant neufs, elle apprend qu'elle peut aussi diriger de vieux tacots.

Arthur se manifeste un jour... Il veut vendre leur bel « attico » d'Espagne. Il a besoin d'argent pour remonter une affaire. Non, non et non.

A nouveau Maud retombe dans ses idées noires. Son sourire et sa joie de vivre retrouvés un temps, disparaissent en un éclair. Cet appartement, elle comptait bien le garder après avoir perdue son commerce et sa fermette du nord. Elle n'avait rien perçu de ces ventes...

Elle demanda une semaine de repos et partit avec Ginou et Clo-Clo, direction l'Espagne. Elle voulait leur montrer son attico de rêve.

Tous les trois se faisaient une joie de cette ballade. De plus, les vacances en septembre étaient idéales, véritable été indien en péninsule ibérique.

Elle allait retrouver cette méditerranée bleu-marine, ces champs d'orangers odorants et ses longues soirées chaudes typiques à ce pays. Des soirées pleines de musique, de chants, de danses improvisées sur les trottoirs. Les odeurs de braseros sur lesquelles grillent les tapas, dégageant une petite fumée noirâtre fleurant le thym et le romarin.

Maud fébrile, pensait à tous ces petits bonheurs dans cette ambiance lui rappelant le pays de son enfance, perdu à jamais.

Ils partirent tous trois un matin. Elle prévint sa petite Jane de son passage. Sa sœur toujours si hospitalière, les invita à déjeuner tous ensemble avec leurs parents. Ginou n'était pas tout à fait d'accord prétextant que cela allait les retarder...

C'était vrai, mais Maud ne céda pas. Elle n'avait pas vu ses parents depuis deux ans et son papa dieu lui manquait beaucoup.

Ils s'arrêtèrent, déjeunèrent en famille, passèrent trois heures inoubliables pour Maud. Assise aux côtés de son père, elle lui racontait mille et une chose, avait besoin de son avis pour la vente de l'appartement, puis lui glissait dans le creux de l'oreille une histoire un peu « salée », au grand dam de sa mère qui les traitait de « cochons » !

Ils riaient tous deux, se prenaient dans les bras. Quels moments privilégiés ! Maud savourait chaque instant. Elle trouvait son père fatigué, certes, mais rayonnant de bonheur, se délectant de leur complicité jamais défaillante depuis que petite fille elle avait grandi et était devenue femme.

Les adieux arrivèrent, mais ce repas restera gravé à jamais dans l'esprit et le cœur de Maud.

Ses amis, heureux de cet intermède dans leur vie si réglée, s'amusaient comme des jeunes amoureux.

Arrivée en Espagne, Maud tournait dans l'appartement. Arthur voulait se débarrasser de leur dernier bien. Elle n'arrivait pas à s'y résoudre. Là aussi les bibelots lui parlaient, la ramenaient dans le passé.

Oui mais il fallait aller de l'avant. Et puis, comment ferait-elle pour payer les charges de cet immeuble de standing ? Son petit salaire n'y suffirait pas.
Elle résoudrait ce problème en son temps.

Huit jours plus tard, ses amis l'accompagnant au bus Valencia-Nice, l'avion était trop onéreux pour sa bourse. Elle voyagea toute la nuit et fut de retour à son travail, le dimanche matin, comme elle l'avait promis.

Les amoureux « sur le retour » avaient de décidé de profiter une semaine de plus de ces lieux enchanteurs.

Son arrivée fut saluée avec joie par les enfants. La petite fille tournait autour de Maud, s'accrochait à sa jupe, riait et tourbillonnait comme un pantin. Maud se sentait très Mary Poppins.

Elle laissa son petit monde, partit se reposer, la nuit dans le bus avait été fatigante. Elle s'endormit d'un sommeil de plomb. Des coups frappés à sa porte la tirèrent de ses rêves.

Téléphone ! Téléphone !

A moitié endormie, elle prit le combiné et entendit la voix d'Yveline en pleurs :

Maman, où étais-tu ? Voila quatre fois que j'appelle depuis ce matin.

Je dormais, fatiguée par mon voyage en bus.

Pépé est mort ce matin.

Sa tête tourna, elle se raccrocha au chambranle de la porte. Impossible de parler, aucun son ne sortait de sa gorge.

Où es-tu ? Réponds-moi !

Que lui arrivait-elle ? Elle rêvait encore. Elle allait se réveiller !

La voix d'Yveline hurlait dans le combiné. Avec un effort surhumain, elle bredouilla quelques mots, demanda des explications.

Prépare-toi. J'arrive dans une heure et nous partirons de suite chez mamy Louise.

Elle évoluait dans un nuage cotonneux, s'entendit prévenir d'une voix assourdie qu'elle partait, rejoindre sa famille.

Madame n'avait pas l'air contente !!!

Vous arrivez de vacances et vous repartez ? C'est impossible !

Impossible ? Mais vous êtes folle, mon père vient de mourir. Vous le savez depuis ce matin et vous ne me prévenez pas ! Je pars et je vous quitterai définitivement à mon retour pour votre manque de cœur ! Suis-je un animal, une esclave, une moins que rien ? Elle lâchait tous ces mots, d'un ton plein de haine, d'une voix qu'elle ne reconnaissait pas, la colère l'aveuglait.

Elle prit Yveline à Grimaud, la laissa conduire, trop perturbée pour fixer son attention sur la route, la rapprochant à chaque tour de roue de son Papa dieu. Sa tête bouillonnait. Ses pensées se pressaient mais aucun son ne sortait de ses lèvres. Les oreilles bourdonnantes, elle entendait la voix de son père huit jours auparavant.

Fais attention à toi. Sois courageuse, je serai toujours là pour toi !

Mais non, il était parti. Il l'avait laissé seule. A qui allait-elle se confier maintenant ? Elle n'arrivait pas à concevoir la réalité de ce phénomène qu'est la mort.

Elle n'y pensait jamais. On est là ! On n'y est plus ! On laisse derrière soit les siens. Et puis ! Et puis... rien.

Pas assez croyante pour admettre l'au-delà, elle restait figée sur son siège, se demandant pourquoi ? Pourquoi lui ?

L'arrivée chez ses parents en pleine nuit fut douloureuse, comme pour tout le monde en pareil cas. Mais là, le choc était brutal car imprévisible une semaine plutôt.

Son papa Dieu couché dans son lit, calme, le visage serein, dormait. Elle s'approcha de sa joue, l'effleura d'un baiser en se reculant d'un bond. Il était glacé. Il avait froid. Elle courut chercher une couverture, délicatement le recouvrit. Ses gestes étaient doux, lents, elle ne voulait pas le réveiller. Elle redressa le col de sa chemise, desserra le nœud de sa cravate, (il avait horreur des cravates...). Pourquoi ne pas l'avoir habillé en coureur cycliste ?

Yveline la regardait évoluer en pleurant doucement. Sa mère assise, un chapelet entre les doigts égrenait ses neuvaines, les yeux fermés, concentrée. Ses lèvres bougeaient, elle n'était pas endormie.

Maud continuait à s'occuper de son papa Dieu, remontait une mèche de ses beaux cheveux, pas une larme ne coulait. Elle était dans un autre monde, n'apercevait rien des gens qui entraient et sortaient dans la chambre, à pas feutrés... Rien ne la perturbait. Assise au bord du lit, elle commença à lui parler doucement, si doucement que seule une ouïe très fine aurait pu surprendre la longue litanie que cette femme, si aimante de son père, déroulait au creux de son oreille. Cela dura des heures. Au petit matin, elle se retrouva, la tête posée sur l'épaule de son père. Elle s'était assoupie, ivre de fatigue et de chagrin. Personne n'avait eu le courage de la réveiller.

Tout le rite habituel qui se déroula par la suite la laissa indifférente. Pourtant, elle ne le quitta pas. Tout le monde sortit pour la mise en bière. Elle resta.

Elle entendit l'horrible chignole visser les boulons, cachant à jamais ce visage tant aimé. Il n'était plus là, seul ce fait importait. L'église, le cimetière, les serrements de mains, rien ne la touchait et toujours aucune larme. Il était parti très vite, sur son vélo flambant neuf, cadeau de Luc. Au cours de son entraînement du dimanche matin ses amis sportifs le virent aller de droite à gauche au milieu de la route, puis de gauche à droite et s'écrouler, son vélo sur lui. Sa mort il l'avait choisie. Il était parti avec « sa petite reine », mot doux qu'il donnait à sa bicyclette.

Maud et sa fille reprirent la route le soir même. Elle laissait sa maman auprès de Luc, Jane et Anne. Elle savait que tout irait bien avec eux.

Elle reprit son travail dès le lendemain matin. Très occupée par les deux enfants, les journées passèrent vite. Elle avait donné son préavis, il lui restait un mois à assumer.

Malgré les propositions alléchantes de ses employeurs, elle ne resta pas. Pourtant ils avaient changé à son égard. Ils paraissaient plus humains, moins stricts. Mais rien n'y fit. Elle partit et changea encore de route. Peut-être les avait-elle fait évoluer ? Leur faisant comprendre que même une modeste employée devait être traitée avec respect et déférence.

Clo-Clo et Ginou toujours là pour la soutenir, elle reprit Nice-Matin et ses petites annonces et fut très vite embauchée pour s'occuper d'une petite autiste.

Logée, nourrie, elle rentrait chaque week-end chez ses amis. Parfois, elle leur mentait, disait qu'elle travaillait... Mais elle partait seule dans l'arrière pays. Sa vieille bagnole ne rechignait pas lorsqu'elle lui faisait grimper des côtes abruptes.

Elle découvrait alors des paysages à couper le souffle, des chemins de montagnes qu'elle empruntait telle un ascensionniste chevronné. Durant les efforts qu'elle s'obligeait à fournir, elle ne pensait plus à sa peine toujours présente, et là, devant ce spectacle grandiose elle s'arrêtait et laissait couler ses larmes.

La descente était plus calme. Maud se sentait près de son père. Elle ne monologuait plus. Le passage était accompli, son papa Dieu était parti, mais il veillait toujours sur elle, du moins elle ressentait cela au fond de son cœur.

Au départ on vous ment. On ne s'achemine pas vers la vie, mais vers la mort. L'existence n'est qu'un passage. Certes un temps exaltant avec ses envolées et ses retombées, son feu et sa glace. Mais croire uniquement en la vie serait un mirage. Au seuil de la mort, une angoisse insupportable nous étreint parce que nous n'y sommes pas préparés. Mourir, ne plus voir les arbres, les montagnes enneigées, les immenses plaines verdoyantes, le sourire d'un enfant, les gens que Maud aime, c'est l'angoisse...

Elle est sidérée de voir que dans les grandes douleurs qui crucifient, on est toujours capable de repartir. Le jour se lève à nouveau.

La mort de Line l'avait profondément marquée. Fauchée en pleine jeunesse, elle ne demandait qu'à vivre. La mort de son papa l'assomme à nouveau, parce qu'elle fut surprise. Elle ne s'y attendait pas, mais malgré tout, les lendemains reviennent.

Apaisée, elle pouvait rentrer chez ses amis sans les ennuyer en leur serinant son mal être. Sa tristesse était pour elle seule. Il fallait qu'elle aille de l'avant.

Son travail très particulier auprès de cette petite autiste lui prenait son temps et son esprit. Elle n'avait jamais été confrontée à un pareil handicap.

Laure avait quatorze ans, ne savait ni lire, ni écrire, pourtant lorsqu'elle parcourait le programme de télévision, elle choisissait en lisant le titre de l'émission qu'elle désirait. Maud ne comprit jamais ce qui se passait dans cette petite tête. Elle était très intelligente, mais dès qu'elle entrait dans sa bulle, personne ne pouvait l'en sortir.

Il lui arrivait de regarder deux à trois heures un mur, assise par terre, les yeux fixes, la tête dodelinant d'avant en arrière. Elle était ailleurs, où ?? Maud ne le savait pas. Elle restait à ses côtés, sans bouger, remerciant la vie de lui avoir donné une petite Lou remuante, riante, espiègle, emplie d'amour et de bêtises.

Toutes les sottises que sa petite fille inventait, était pour Maud sujet de contentement. Elle la comparait à Laure et plaignait sa maman de vivre pareille souffrance. La vie continuait... Un dimanche ses amis l'emmenèrent à un repas réunissant des rapatriés d'Afrique du Nord.

Maud n'en était pas du tout enchantée mais, pour leur faire plaisir, elle accepta. Le restaurant était immense, plus de deux cents personnes s'y pressaient. Cela parlait, interpellait, se reconnaissant. Les rires et les pleurs se mélangeaient.

Finalement, chacun s'installa et Maud se retrouva près d'un monsieur aux cheveux blancs, avec les yeux emplis de bonté. Il s'appelait Edmond et était natif d'Alger. Maud un peu coincée lui parlait à demi-mots. Sa gentillesse et sa politesse lui firent penser à papa Dieu, elle le regarda d'un autre air. Ses amis discutaient de tout et de rien, mais surtout de leur beau pays natal abandonné vingt-cinq ans plus tôt.

Ils firent deux petites danses, tout le monde se sépara. Edmond n'oublia pas de demander le numéro de téléphone de Maud ! Avec réticence, elle donna celui de Ginou, n'ayant pas de chez elle.

Il appela plusieurs fois, lui proposant une promenade, un cinéma, un théâtre, un restaurant, ce qu'elle voulait afin de la divertir et de la voir sourire.

C'était très gentil de sa part mais Maud n'en avait aucune envie... Ses amis la poussaient... Elle se demandait si c'était par amitié où s'ils avaient une autre idée en tête !!

Pourtant le blues la reprend. Voila deux, trois jours qu'elle se traîne, la larme à l'œil et le moral en berne. Ce matin là, ça ne va pas du tout.
Envie de changer de tête, de job, d'ami, de vie.

Du calme, du calme, il faut éviter les décisions trop drastiques. Ce n'est vraiment pas le bon jour pour changer radicalement de coupe et de couleur de cheveux. Ce n'est pas non plus le moment d'acheter un tailleur Lacroix ou de penser à une semaine seule aux Antilles... Avec quelles pépettes d'abord ?

Et puis Maud se connaît, elle le regretterait sitôt le « blues attack » passé...
Elle doit également éviter de cultiver la dérision existentielle. Finir d'écouter interminablement de vieux Birkin « Je suis venu te dire que je m'en vais... » , et autres joyeusetés.

Elle va essayer de verser dans le Trenet guilleret... Plutôt que de relire l'intégral de Samuel Beckett ou de visionner « L'Allemagne année zéro », elle va miser sur un bon Lucky Luke ou autre bande dessinée désopilante.

Elle ne va pas jouer les mères courages mais assumer ses envies de régressions, juste un temps.

Finalement tout ce dont elle a besoin, c'est uniquement de cocooner devant la télé sous la couette et de se laisser aller.

Bon, elle annule son dîner, sa sortie et son rendez-vous qui lui pèse. Elle va buller !!!

Le lendemain cela va mieux. Le coup de blues l'a prise uniquement parce qu'un homme a envie de s'occuper d'elle, de la sortir.

Il faut qu'elle réagisse positivement au nouveau virage que prend sa vie. La vie, c'est beau lorsque cela bouge. Le salut est dans le mouvement. Durant son existence, Maud a toujours écouté son cœur, souvent avec des dommages. Sa seule certitude est qu'elle est restée fidèle à elle-même, dans un désordre contradictoire.

Pas de compromission, pas de résignation. On ne devrait pas s'attarder sur les chagrins, les déceptions, les désillusions, mais agir à l'instinct, par amour dans la joie et l'insouciance. Car rien ne remplace l'amour, ni une carrière, ni la gloire, ni l'argent.

Maud aime le plaisir de l'instant, la spontanéité, comme lorsque l'enfant s'improvise gendarme ou voleur dans la cour de l'école. Alors, elle adore le mensonge, pas le mensonge-trahison ou le petit mensonge minable, non le mensonge pour se raconter des histoires. Elle ment beaucoup, pour inventer sa vie, sa biographie. Elle raconte des enfances qu'elle n'a pas vécues. Elle voit sa vie comme au travers d'un kaléidoscope. C'est beau lorsque ça bouge, lorsque c'est intense. Si la vie n'est pas comme on la désirerait, hop ! On s'arrange pour tourner le kaléidoscope.

D'un autre côté, un bonheur immobile ne lui déplairait pas... Elle croit qu'elle le supporterait : être bien en selle quel que soit le terrain.

Parfois elle aimerait s'installer sous un grand marronnier, les branches chargées de bogues prêtes à tomber, le feuillage si dense, que ce toit de ramures drues l'empêcheraient de voir le ciel en son entier, un livre sur les genoux, en laissant son imagination vagabonder, ou alors se laisser porter mollement par l'eau comme un petit mollusque.

Elle ne sait pas...

C'est comme dans les contes de fées, le plus passionnant est ce qui se passe après « ils se marièrent et eurent beaucoup d'enfants... » .

Lorsqu'on obtient quelque chose, on se demande ce qu'on va en faire ! C'est là qu'il faut remuer très fort le kaléidoscope...

Elle se fait peur toute seule, elle si timide malgré ses airs extravertis. Le fait est qu'elle attend qu'on ait envie d'elle, elle ne force pas les choses. Elle n'est pas dirigiste mais fataliste. Elle revendique tous ses actes, ses bêtises et ses âneries.

Elle est sans cesse sur le quai d'une gare. Il y a un train qui ralentit et immanquablement elle y monte. Parfois à travers la vitre voyant la passé défiler, elle s'angoisse mais préfère se dire « je l'ai fait » au lieu de « j'aurais dû le faire » !!

Elle pense avoir agi, aimé, vécu, selon ses désirs. Le pire serait de croire que le prochain train aurait « peut-être » été meilleur et finalement rester sur le quai.

Edmond la rappela plusieurs fois. Elle, si loin de tout marivaudage, refuse ses propositions de sorties et de promenades en tout genre. Ginou trouve cet homme très correct. Maud l'aimerait un peu plus jeune ! Finalement elle se lance et accepte de l'accompagner au bal des « mères courageuses », tout un programme !

Cette association s'occupe des mères et de leurs enfants en difficultés financières. Bal, loterie, etc... tout y passe. La soirée est très classe, Maud a mis son smoking noir, accessoire de sa petite révolution vestimentaire. Sous son veston un petit top en dentelle rouge très décolleté, ses cheveux roux hyper courts. Edmond est fier de l'avoir à son bras. La soirée n'est pas désagréable. Maud est entourée par cet homme attentif à ses moindres désirs. Il ne se lasse pas de l'entendre parler de sa petite Lou.

Lui qui n'a jamais été papy comprend très vite que ce petit amour est la faiblesse de Maud. Donc, il en use et en abuse...

Les lots gagnés s'accumulent devant la mamie rayonnante. Tout est pour Lou. Il aimerait la connaître. Elle lui promet de lui montrer les dernières photographies reçues de sa petite parisienne.

Doucement, sans s'en rendre compte, elle s'habitue à ses coups de fil, à ses attentions envers elle, toujours très discrètes. Mais dès qu'il approche de trop près ; lui frôle un bras ou l'invite à venir prendre un pot chez lui, elle recule de cinquante pas... et tout est à refaire pour ce pauvre homme tombé éperdument amoureux dès le premier regard posé sur cette femme.

Il lui écrivit une longue lettre, très bien tournée, très prude mais pleins d'amour. Il la demandait en mariage...

Alors là non ! Impossible. Maud se sentait incapable du moindre sentiment d'amour pour cet homme. De l'amitié oui, mais pas plus.

Elle lui dit franchement, presque tendrement voyant la peine transformer son visage.

Ce n'est pas grave ma beauté. Je prendrais ce que tu me donneras. Ta présence est un très joli cadeau.

Une grande amitié naquit entre eux. Il connut Lou et l'adopta aussitôt. Il la pourrissait de cadeaux. Aucun manège ne lui résistait. Ils allaient la chercher tous deux à l'aéroport avec son petit sac à dos et son laisser-passer autour du cou. Ils la ramenaient un mois plus tard avec trois sacs et deux valises remplis de gadgets.

Luce n'était pas contente... Elle mettait des semaines à restaurer son autorité maternelle !

Les jours filaient, les mois s'ajoutaient aux semaines. Maud s'occupait toujours de sa petite autiste.

Elle s'était fait des amis avec qui elle randonnait, pique-niquait sur la plage ou faisait des fêtes dans l'arrière pays.

Bien sûr elle était courtisée par l'un, par l'autre. Un spécimen sortit du lot. Elle le trouvait charmant. Son passé douloureux, pas tout à fait effacé de sa mémoire, la faisait avancer à petits pas. Question âge, cela collait... Elle aurait bientôt cinquante ans, lui en portait allégrement cinquante-cinq. Rien à voir avec Edmond qui pouvait être son père. La vie des femmes s'articule autour de grands caps à franchir. Vingt, trente, puis si vite à la quarantaine, âge de tous les bilans...

Maud à la quarantaine avait pris la tangente. Elle rêvait de liberté. Pourtant elle avait toujours tendance à nier son âge. A quatre ou cinq ans, elle avait l'impression que sa grand-mère était la personne la plus jeune qu'elle connaisse. Elle se souvint que malgré une grande sévérité, la grand-mamie Marie l'amusait beaucoup plus que ses petites copines d'école. Résultat, grâce à elle, Maud à toujours su qu'il pouvait exister des vieillards de vingt ans et des adolescents de quatre-vingt ans.

Cette certitude sa mère l'a renforcée aux alentours de ses treize ans en lui assénant « toi, ma grande, tu es passé sans transition de l'âge bête à l'âge ingrat !».

Elle ne pensait pas lui faire un compliment, mais l'âge de raison semblait si bête à Maud, qu'elle empocha gaiement ce verdict. En son fort intérieur, elle savait très bien qu'on pouvait rester une fille décourageante d'infantilisme, mais poser un regard averti sur les inconséquences du monde adulte, donc avoir une pensée plus adulte que celle des adultes... Sur la lancée elle n'avait plus qu'à continuer... Le jour de ses dix-sept ans, elle était enchantée d'atteindre ce joli chiffre qui n'était divisible que par lui-même.

Mais l'annonce de ses vingt ans la désola (un court instant... !) parce qu'à partir de là, elle basculait sur les quarante.

Quarante ans sonnaient mal à ses oreilles, mais surtout lui faisait découvrir qu'elle avait un talon d'Achille. Elle ne désirait pas dépasser certaines limites.

Si au temps de Balzac, la femme était vieille à trente ans, elle constatait un siècle plus tard, qu'il y avait eu que dix petites années de grignotées. La quarantaine s'annonçait comme l'âge des renoncements. Beurck !!

Oui, les années passent à une vitesse folle. A peine a-t-on atteint ses vingt et un ans, tout d'un coup, on en a trente ! C'est ici qu'Achille et son talon ont rattrapé Maud.

Elle avait sa fameuse quarantaine sous le nez, et à cause des idées reçues, elle appréhendait la vérité de son capotage obligatoire.

A trente-sept ans soudain, elle craignait d'être submergée par une vague de vieillesse qui ne collait ni à son teint, ni à ses souhaits. Sa vie sentimentale avec ses hauts et ses bas (surtout ses bas !) était installée. Elle n'avait qu'à laisser couler, seulement COULER est un verbe ambigu.

La rivière peut couler devant vos pieds, mais dans la rivière vous pouvez aussi couler ! Elle eut le sentiment d'avoir à accepter une sorte de retraite de Russie ! Ce n'était pas convenable.

Par chance, elle partageait à ce moment là, la vie d'un homme qui n'était pas doué non plus, pour renoncer.

Pas plus que Maud, Arthur n'arrivait à être vieux dans sa tête et dans son corps. Il gardait curiosité et appétit de la vie intacts.

Si elle ignorait comment elle allait se retrouver, elle subodorait que de « femme-aimée, trompée » elle risquait de passer dans ce qu'elle appelait « la territoriale ».
Or, elle ne souhaitait pas jouer les passives, ni se contenter de prendre ce que l'on a coutume de nommer, seulement en ce qui concerne les femmes : « La meilleure part », la légitime, la confortable.

Elle était pour le tout ou pour rien. Elle fréquentait à l'époque une amie qui vivait son virage vers l'autre bord, donc vers la fin de la quarantaine, avec la même intensité qu'elle.

Elle disait :

Et tous ces jeunes hommes que nous avons laissé passer ? Est-ce qu'il ne faudrait pas mettre les bouchées doubles, faire un feu d'artifice avant de renoncer ?

Cette boulimie de chair fraîche l'amusait sans la tenter. Ou bien elle n'était pas assez aventureuse ou elle n'avait pas le tempérament de polyandre. Ces « bouchées doubles » prenaient à ses yeux des airs de gâchis.

L'idée de son amie impliquant une précipitation sur les jeunes hommes comme deux braconnières sur un gibier, ne l'emballait pas.

Elle a donc pris la tangente. Elle rêvait de liberté, elle a fait la révolution de sa vie. Non sans douleur elle a cassé l'amour trop sûr d'elle, sans rompre l'amitié.

Elle n'était plus tout à fait elle, mais la moitié d'un tout qui la protégeait dangereusement. Il fallait, comme à vingt et un ans, qu'elle « re-dégringole » jusqu'à zéro, qu'elle se connecte avec le monde extérieur, avec un travail, avec tout ce qui lui tomberait sous la main... et elle partit pour tomber sur l'épaule d'un.... Jeune homme. Elle n'était pas polyandre décidément !

Son amant de cinquante-cinq ans, bien que sympa et amoureux, semblait regarder d'un peu trop près les minettes de vingt ans. Il n'y a pas de mal à « zyeuter » ! Mais on ne sait jamais comment peut finir une œillade...

Maud très avertie sur ce sujet lui en fit la remarque un matin où ils préparaient tous deux un pique-nique.

La journée s'annonçait sous de bons augures. Le dimanche était attendu par Maud comme un jour de bonheur, de repos, de relax, mais... le destin en avait décidé autrement.

D'une parole à une autre son beau quinquagénaire se met en rogne et prend la mouche ! Il n'est pourtant pas question que ce jour soit gâché. Maud d'un air léger lui propose un compromis.

Aujourd'hui, nous serons une trentaine à cette sortie. Le lac de Saint-Cassien nous attend pour nous amuser et non pour nous faire la gueule, alors je te propose une petite épreuve : tu peux causer, faire les yeux doux, le joli cœur à toutes les filles que tu désires. Si tu arrives à repartir ce soir avec une jeunette, tu auras gagné. Dans le cas contraire l'épreuve est la même pour moi.

Il resta interdit trente secondes, la regarde « mi-figue, mi-raisin » et tomba d'accord sur ce jeu qu'il trouva puéril. Ils prirent la voiture de Maud (comme d'habitude...) et retrouvèrent leur bande de copains.

Le soleil dardait ses rayons, certains optèrent pour un bain dans le lac, d'autres attaquèrent une partie de pétanque acharnée, certains pêchaient et Maud s'affairait avec plaisir à la disposition des tables pour le repas. De loin très loin, elle apercevait son « quinqua » rigolant avec l'une, papotant avec l'autre. Cela l'amusait fortement. Il prenait le défi à cœur et semblait être sur le chemin du gagnant, tel le lièvre de la Fontaine, vu les roucoulades des filles qu'il abordait ; mais la petite tortue Maud n'avait pas dit son dernier mot...

Le repas fut très gai. Si, peu de monde se connaissait à l'apéritif, au dessert les conversations allaient bon train.

Certains changeaient de place selon leurs affinités. Maud assise aux côtés de son ami, n'était pas en reste de bavardage. Elle parlait aux uns, riait avec les autres, jetait de temps à autre un regard du côté de son « amoureux » du moment (!!) Sans plus. Sa minette installée à sa gauche gloussait, il lui passait « amicalement » son bras autour du cou...

Le déjeuner terminé, la table rangée, de petits groupes se formèrent. Certains se mirent mollement sur une partie de tarot, d'autres plus courageux entamèrent un concours de pétanque, un peu plus loin, un couple s'égayait dans la nature luxuriante. Il faisait beau et chaud, plusieurs se rafraîchissaient au bord du lac.

Maud n'avait envie de rien de précis. Son compagnon ayant disparu, elle ne s'en inquiéta pas outre mesure. Elle descendit vers le lac pour jouir d'un peu de fraîcheur. Auprès de deux pédalos, trois jeunes gens devisaient âprement pour savoir qui serait seul et qui prendrait l'engin à deux. En la voyant arriver, une fille lui proposa une place à ses côtés.

Pourquoi pas ?

Et comment cela arriva-t-il ? Par quel tour de passe-passe, elle se retrouva à pédaler au côté d'un jeune homme. Les deux filles ayant entamé une conversation, désiraient la terminer ensemble...

Voilà Maud et Manolò (il s'était présenté poliment en montant) pédalant avec force sur le lac enchanteur. Il y avait de petits îlots au centre. Il se dirigea vers l'un d'eux, plus touffu en herbes folles. Maud, tout au plaisir du moment, pédalait frénétiquement. Le soleil à son zénith, brûlait les deux « sportifs en herbe»... Le pédalo accosta sans encombre. Manolò descendit et s'excusa deux minutes... Maud un peu endormie par cet astre brûlant et surtout par le repas bien arrosé, sentait venir l'assoupissement. Elle s'allongea sur la plage arrière de l'engin, ferma les yeux et se laissa chauffer délicieusement par cette boule incandescente au-dessus de sa tête.

Soudain, elle sentit un baiser fougueux et doux à la fois sur ses lèvres entrouvertes, abandonnées à la chaleur.

En un quart de seconde son cerveau lui proposa deux solutions : se lever d'un bond et mettre une claque à ce jeunot ou bien se laisser faire.... Et voir venir ! Elle choisit la deuxième option, bousculant là encore toute l'éducation rigoureuse qu'elle avait reçu dans sa jeunesse.

Sentant son baiser accepté, il en « remit une couche » et lui en offrit un second plus appuyé, plus enflammé. Il se releva et avec l'air d'un petit garçon pris en faute lui déclara :

Excuse-moi mais tu étais trop belle et désirable. C'était trop tentant.

Les yeux grands ouverts à présent, elle le regardait. Timide, il se tortillait sur le bord de l'embarcation.

Mais c'est qu'il était beau ! A dire vrai elle ne l'avait pas détaillé au début. Là, en plein soleil, avec ses grands yeux bleus, presque marine, ses cheveux courts noirs, quelques frisettes retombant sur son front large et ouvert, sa bouche pulpeuse ébauchant un sourire derrière deux rangées de petites quenottes bien alignées, blanches et saines (il ne devait pas fumer, lui...), grand, musclé, pas un brin de graisse : il était beau... « Il sentait bon le sable chaud, mon légionnaire... ». Non, là Maud divaguait.

Que lui trouvait-il ? Elle avait au moins vingt ans de plus que lui !!

Pour le moment, elle profitait de l'instant magique, presque palpable, de deux êtres heureux. Ils étaient là, face à face. Seules leurs mains se touchaient. Tout passait dans leur regard. Etait-ce cela le coup de foudre ?

Maud n'avait jamais ressenti pareil émoi. Sa tête ne pensait plus, son corps alangui ne réagissait plus. Seul cet instant privilégié comptait.

Combien de temps restèrent-ils immobiles, se tenant les mains serrées, les yeux dans les yeux ?

Alors quoi vous deux, vous êtes changés en statue ?

Un pédalo les accostait. Les deux amies de Manolò ne semblaient pas très contentes. L'instant magique s'enfuit. Mais quelle importance ? Ils avaient eu des secondes si fortes, qu'ils en restaient sans voix.

Les derniers arrivés paient leur pot, lancèrent-elles, en démarrant d'un coup de pédale rageur.

Tous deux encore sous le charme, nullement pressés de rejoindre la cohorte d'amis s'amusant, riant, brayant sur le rivage, pédalaient au ralenti. Accostant enfin, Manolo fut reçu d'une façon hostile par ses amies. Maud s'éloigna et se mêla au gros de la troupe. Elle s'attaqua à une partie de scrabble. Elle la perdit honteusement, l'esprit complètement ailleurs.

L'après-midi se terminait. Chacun rangeait ses paniers et se dirigeait vers sa voiture. Maud suivit le mouvement.

Tiens, son « quinqua » est déjà là. Elle le voit de loin, impatient et nerveux, tirant sur sa « clope », sachant que Maud lui interdisait de fumer dans son automobile. Soudain elle entendit une petite voix, elle se retourna, c'était Manolò, son sac à dos pendu sur son épaule.

Ce qu'il est beau ! Pensa-t-elle.

Puis-je rentrer avec toi ? Mes copines n'ont pas apprécié notre aparté. Elles ne veulent pas me ramener.

Maud fut prise d'un immense fou rire. Il baissa les yeux, « elle se moque de moi !».

Mais oui grand bêta, je te ramène. Comment pourrais-je te laisser au bord de ce lac, avec toutes ces sirènes et leurs chants ?

Elle reprit le chemin, Manolò sur ses talons.

Tiens, tu es seule ? Lança-t-elle à son quinqua.

Oui, tu le vois bien.

Et bien je crois que tu as perdu notre pari. Donc trouve-toi une autre voiture, j'ai ton remplaçant !!!

Il regarda, dévisagea Manolò de haut en bas et décocha une dernière flèche à Maud :

Tu verses dans l'acné juvénile ?

Et pourquoi pas ? Je fais comme toi. Tu peux chercher une nénette de n'importe quel âge ! Je te souhaite bonne chance.

Maud grimpa dans sa quatre-roues, y fit monter son bel hidalgo et démarra...

Royale, un sourire indéfinissable sur les lèvres. Elle ne le savait pas, mais l'amour la transformait et son visage resplendissait de bonheur.

Là, elle faisait fi de tous les préjugés inculqués depuis quarante ans. L'évolution, la transformation d'elle-même, tout contribuait à lui montrer sa nouvelle route, sa nouvelle vie...

Elle ramena Manolò devant la porte, ne sut résister au nouveau baiser enflammé qu'il lui dédia et ils décidèrent de finir ensemble les restes de leur pique-nique respectif...

Chapitre 12

Le « coup de foudre », il faudrait changer ce mot ridicule, écrit Stendhal. Cependant, la chose existe. On dit : J'ai tout de suite su que c'était lui, mais on oublie que l'on a cru maintes fois le rencontrer.

Maud appelle donc « coup de foudre », puisque c'est le terme consacré, ses artères qui battent la chamade, sa gorge serrée, ses jambes qui se dérobent à la vue de son nouveau « mamour ».

Pourquoi diable parle-t-on autour d'elle de « tomber amoureux » alors qu'il s'agit d'un envol plus que d'une chute.

Il arrive pourtant quelque chose de nouveau à cette femme. Elle aime un homme beaucoup plus jeune qu'elle. Elle sait qu'aujourd'hui, bon nombre de femmes vivent avec un homme plus jeune. Pourtant un tiers des français persiste à trouver la chose ridicule.

Le plus difficile est donc d'assumer la médisance des gens. Combien de fois n'a-t-elle entendu lorsqu'il lui prend la main ou l'embrasse discrètement :

Tu as vu ? Elle pourrait être sa mère !

Il ne faut tout de même pas exagérer, onze années de différence, il ne pourrait pas être son fils... D'ailleurs, il s'en défend fortement.

L'inverse serait passé inaperçu. Classique ! Mais voilà qu'une femme aime un homme plus jeune, et les vieux tabous ressurgissent. Cette chose est vraiment gênante et pas catholique du tout, au regard des sacro-saintes normes. Ca ne fait pas bien dans le décor ! Et pourtant elle a l'impression de revivre sa jeunesse. C'est magnifique !

Elle n'avait jamais connu avant lui une telle passion, un tel accord physique. Avec « mamour » elle se sent belle, désirable, deux états oubliés depuis longtemps.

Recherche d'un idéal ? Second souffle ! Epanouissement ? Volonté de se sentir encore jeune ? Le regard de Manolò l'oblige à se surveiller de près. Les onze ans de son cadet n'admettent aucun laisser-aller.

Impossible de déambuler en charentaises et bigoudis pour bailler devant la télévision. Quelle femme s'en plaindrait ? A l'automne de sa vie, il n'est pas question de gommer sa féminité. Un homme plus jeune est aussi très souvent le refus de la routine et des conventions.

Un homme jeune veut reconstruire le monde. Un homme plus âgé prendra fiévreusement le pouls de son compte en banque. Chacun son truc ! Finalement Maud a le sentiment que les hommes aussi virent vite, comme les fraises, et qu'il faut les cueillir jeunes. Son amie d'il y a trente ans avait raison...

En fait, elle préfère mettre les couches que passer le bassin. C'est cruel ce qu'elle pense, mais les hommes (ou plutôt un homme : Arthur) lui ont appris qu'eux non plus ne pardonnent pas les années de leur femme.

Son moyen de défense est donc l'humour. Que doit-elle répondre lorsqu'elle entend dans son dos :

Remarque, elle est bien conservée...

Ou encore :

Tu les prends au berceau maintenant ?

C'est peut-être là le hic ? Plus la différence d'âge est importante moins on partage le même vécu. Pendant qu'il empilait joyeusement les pavés en mai 68, Maud biberonnait avec ses filles.

Elle se retrouve bêtement à jouer les Alain Decaux de sa propre histoire.

Et puis, il y a tout le reste : trouver un modus vivendi entre « Malher » et les « garçons bouchers », entre la cuisine japonaise et les « Mac-do ».

Pas toujours facile. Les copains s'y mettent aussi. Les parents la prennent pour la dépravée de la famille ! Si l'on parle mariage, alors là, c'est le tollé général. Elle a beau protester :

C'est une merveilleuse histoire d'amour !

C'est qui ce type, un gigolo ?

C'est un homme sérieux, pas un aventurier.

On évoque alors l'instinct maternel refoulé, ou le fantôme de l'inceste. Autre tabou : l'argent.

Qu'un homme fasse bouillir la marmite, c'est l'usage, qu'une femme prenne en charge un compagnon pas encore arrivé à maturité professionnelle et voilà, qu'il lui est reproché sans délai, de l'entretenir.

Mais le risque majeur, c'est d'être quitté pour une autre, plus jeune. Comme si la pression sociale, les « on te l'avait bien dit », étaient plus forts.

Invraisemblable !

Et pourtant Maud se souvient, il n'y a pas si longtemps d'une femme mûre, morte d'aimer un jeune homme au printemps de sa vie.

A l'époque, petite bourgeoise aux idées étroites, elle l'enviait déjà. Maintenant la voila, à sa place.

Elle continue sa révolution.

Chapitre 13

Elle ose s'attaquer à l'un des derniers privilèges des hommes. Car, sachez bien, elle jubile lorsqu'on évoque devant elle (et derrière elle...) les onze ans de différence avec son élu chéri.

C'est sa façon à elle de se venger d'un mari qui, durant vingt cinq ans, l'a toujours faite vivre en décalage, lui préférant des gamines de dix, quinze et même vingt-cinq ans de moins qu'elle.

Alors pourquoi tourner le dos aux beaux jours ? A presque cinquante ans, comme à vingt, Maud est incorrigible. Elle n'a qu'un credo : le désir de vivre.

Les jours, les mois passent. L'amour la transfigure. Tout lui semble plus simple, le dos carrément tourné à son passé.

L'amour est un jardin secret. On se cache pour cela, on se touche mutuellement avec une jolie confiance et moins d'orgueil. Ce sont des gestes purs, plus élevés que les paroles et qui ne mentent pas comme les mots peuvent le faire.

Des gestes simples qui font mal lorsqu'on les manque, parce qu'alors ils révèlent comme un défaut de l'âme. Ce sont des gestes fous, un peu naïfs parfois, d'une ampleur sereine. On parle ce langage sans l'avoir appris.

Les raisons de tomber amoureux ? Le mal de vivre et le besoin de reconnaissance. Maud comprend dès lors que cet émoi soit le propre de la jeunesse... et qu'il oblige à rajeunir lorsqu'il survient à la maturité.

En fait, plus on vieillit, plus on désire aimer plutôt qu'être amoureuse qui est un passage.

On veut du solide, du sérieux, du rassurant. Maud veut TROP ! Or, la naissance amoureuse exige une forme de désinvolture. C'est une sentimentale, une étourdie et une... prétentieuse.

A peine un spécimen du genre opposé (pour peu qu'il lui plaise...) profère-t-il la phrase sésame « j'ai besoin de toi »... la voici à moitié conquise, prête à l'action comme une vraie petite soldate.

Il le sait le mignon. Il en profite. Il en rajoute : elle lui est indispensable ! Moyennant quoi, pour un compliment aux allures de mendicité, elle se dévoue, se démultiplie, s'illusionne, c'est un enfant !

Soit, elle va en faire un homme ! C'est-à-dire le modeler. C'est là que réside son erreur. Elle oublie que dort contre elle un chérubin adulte. Le maternage qu'il réclame n'est qu'un jeu affectif, une douceur, un baume. Il ne modifiera ni son caractère, ni même ses habitudes et Mamour restera toujours un homme-enfant.

Maud a quitté sa petite autiste, mise dans un centre spécialisé. Elle s'était attachée à cet enfant. Par delà son handicap, elle avait appris à l'aimer. La séparation fut douloureuse.

Elle décida à nouveau de changer de cap et toujours par le biais des petites annonces, elle fut engagée comme gouvernante chez un monsieur de quatre vingt-sept ans. Là, elle ne s'attachera pas...

Bon pied, bon œil, trois fois par semaine, ils se rendaient au golf. Maud poussait le caddy et il accomplissait ses dix-huit trous sans ahaner. Ayant beaucoup voyagé, beaucoup vécu, il apprenait à Maud un tas de chose sur la vie. Il ne conduisait plus sa voiture, elle occupait le poste de chauffeur à temps plein. Elle habitait une immense villa, s'occupait des réceptions, des après-midi de bridge.

Elle était également très proche de la petite amie de ce monsieur, décidément très « vert ». Et oui ! Trente-huit ans les séparaient mais cela ne dérangeait personne, lorsque la femme est plus jeune...

Chaque vendredi soir, elle rejoignait son Mamour et le week-end n'était que bonheur, tendresse et mille et un petits jeux érotiques qui leur faisait dire « déjà dimanche soir ! A vendredi prochain ».

La vie coulait tranquille et sereine. Maud en aurait presque oublié Arthur. Mais il se manifesta par le biais de Luce. Elle lui téléphona, lui apprenant qu'il habitait maintenant à Paris avec eux. Ah bon ? Qu'elle drôle d'idée, lui qui avait toujours détesté la capitale.

Oui mais dans le Nord, plus rien ne le retenait. L'argent de la maison toujours bloqué (!!), il comptait vendre la Buick.

Elle sut pourquoi il avait choisi cette ville ! Tout simplement parce que « Marie-couche-toi-là » habitait Paris maintenant. Oui, elle s'était mariée mais pas avec lui, avait eu un petit garçon. Arthur en était inconsolable (tu parles!). Il émigra donc chez fille aînée. Luce voyant son père si malheureux l'hébergeait, ainsi il pouvait voir sa maîtresse en toute quiétude. Il partait avec Lou des après-midi entiers se promener avec « Marie couches-toi là » et son fils.

Non, non, aucune affabulation de la part de Maud, elle vit les photos plus tard et se demanda pourquoi Luce le lui avait caché !
Mais après tout, elle aussi filait le parfait amour avec son jeunot... Alors que demande le peuple ?

A nouveau bêtement Maud eut un coup de cœur. Elle l'appela et lui fit savoir qu'elle désirait leur voiture.

- Sa mise à prix est de cinquante milles francs lui répondit-il...

Non, il ne pouvait vendre cette Buick, c'était un nouveau lambeau de leur vie commune qui partait. Toujours impulsive, elle décida de l'acheter, elle monterait à Paris la chercher. Un coup de folie de sa part, un de plus...

Clo-Clo et Ginou ne décoléraient pas.

Cet homme n'a aucun scrupule à ton égard, cette voiture vous l'avez acheté à deux, donc, il t'en doit la moitié.

Maud toujours aussi peu vénale affirma qu'elle y tenait.

Oui parce que c'est un souvenir d'Arthur, rétorque Ginou.

Peut-être ! J'ai mon salaire de New-York, je m'en servirai pour me l'offrir.

Elle partit vers la capitale dans son tacot aussi moche, mais toujours excellent moteur.

La transaction eut lieu et en prime, elle lui laissa la vieille voiture, qu'il garda presque dix ans...

Décidément, elle avait encore beaucoup de chemin à faire pour annihiler entièrement cet homme.

Elle redescendit sur la côte « fière comme Artaban » au volant de son américaine. Clo-Clo lui fit la tête durant une semaine, puis la voyant si joyeuse, lui pardonna sa folie. Le vieux monsieur dont elle s'occupait, décida que dorénavant ils iraient au golf en Buick, exit Mercedes...

Mamour ne l'aimait pas du tout. Il ne se sentait pas bien dans le carrosse de Maud et ne voulut jamais la conduire.

Toujours mariée à Arthur, mais séparée de corps, elle devait assumer les charges de l'appartement espagnol. Et là, c'était difficile. Elle fut donc obligée de céder, ils le vendirent. Il la leurra une dernière fois en lui donnant cent milles francs. La colère qu'elle prit contre lui n'y fit rien.

Il monta son fameux restaurant à Ibiza, sur la paséo face au port, s'acheta un nouvel appartement et Maud continua à travailler... avec la Buick.

Il la taraudait en lui demandant de divorcer, mais elle refusait systématiquement. Elle le détourna de trois mariages éventuels avec des espagnoles. Il ne décolérait pas. Maud tenait bon. Elle allait l'embêter jusqu'au bout...

Chapitre 14

Yveline a rencontré « L'homme » de sa vie. Maud n'y croyait plus !

Si, si. Il est beau ! Lorsque je plonge mes yeux dans les siens, j'y découvre pleins d'étoiles...

Maud a beau le regarder discrètement, elle ne voit rien... et ils désirent se marier. Une proposition arrive à ce moment là de Fanfan. Elle habite toujours Paris, mais Jacques lui a offert « une petite case » en Guadeloupe.

Viens me voir, c'est le paradis !

Pourquoi pas ? Elle a le droit à des vacances ! Et la voila rejoignant son ami pour huit jours. Cette dernière est folle de joie. Sa nouvelle vie aux Antilles la rend encore plus volubile et papillonnante qu'à Paris...

Elle sème dans le crâne de Maud une petite graine saugrenue !!

Pourquoi ne viendrais-tu pas vivre ici ?

Il y a de « petits lolos1 » à vendre ou à louer. Cela te changerait de tes petits boulots.

Alors là, cela parait si « grotesque » à Maud qu'elle vexe Fanfan.

Mais tu es folle ? Je ne peux pas tout abandonner en France ?

Tu seras loin d'Arthur, ce sera déjà une victoire pour toi.

Après discussions, pesant le pour et le contre, elle n'est plus aussi négative sur le sujet.

Cela peut marcher. J'emmènerai Mamour, Yveline et son mari, plus Bernard et sa fiancée. Ce dernier très sympa et très débrouillard est d'un caractère toujours au beau fixe !

Et hop ! La voila remontée sur son nuage rose-espoir. Plein d'idées se bousculent dans sa tête. Ce sera un beau restaurant, les pieds dans l'eau. Elle mettra de vrais bananiers au milieu des tables recouvertes de nappes en madras, des roses de porcelaine dans de grands vases et des hibiscus pousseront le long des murs.

Après prospection, elles trouvent un magnifique local à Saint-François, Terre de haut, face au golf. Le loyer est un peu cher, mais l'endroit est idyllique.

Elle a toujours les cent milles francs de l'appartement d'Espagne. Il faut les faire fructifier et non dormir à la banque !!

Elle tremble d'impatience, reprends l'avion excitée comme une puce, pressée d'arriver à Nice pour annoncer la bonne nouvelle.

Septembre voit Maud en pleine ébullition. Elle a décidé Mamour a abandonner son travail de smicard minable. Avec réticence au début, elle a su se montrer convaincante et le séduire avec ses lagons bleus, ses alizés et ce beau restaurant où ils pourront être toujours ensemble. Puis un petit coup de chantage :

Même si tu ne viens pas je partirai.

Ce dernier argument fait lâcher prise à Manolò. Il tient à elle. Voila trois ans qu'ils s'aiment contre vents et marrées, il ne la laissera pas. Ouf ! C'est gagné...

Yveline, durant le séjour de sa maman aux Antilles, a préparé le mariage. Ce sera fin septembre. Dans la foulée, elle lui apprend qu'elle attend un bébé. Il naîtra sous les tropiques, inutile de lui tricoter une layette en laine... Sa fille et son gendre sont également d'accord pour tenter l'aventure. Ils la suivront.

Les jours passent trop vite.

Il faut préparer ce nouveau bond par-dessus l'Atlantique. En bonne cheftaine tout est prêt pour début novembre.

Elle a donné congé à son vieux monsieur qui la regrettera. Elle lui promet de lui écrire souvent.

Ses amis d'enfance ne savent plus comment fonctionne Maud. Certainement pas comme eux.

Elle a besoin d'avancer, de changer de vie en permanence, de provoquer des défis. Edmond est très malheureux.

Ma beauté, quand te reverrai-je ?

Mais je ne suis qu'à huit heures d'avion. Il faudra venir me voir.

Luce trouve l'idée intéressante, et puis sa maman a besoin de se retrouver, de créer, de bouger.

Le grand jour arrive. Ils ont pensé à tout. Mamour a même acheté des sachets de graines pour planter salades, tomates, herbes de Provence. Maud un peu étonnée s'entend répondre :

Ces légumes coûtent très chers dans les pays chauds.

Bien ! Le principal est l'intérêt qu'il porte à leur projet. Les billets de train pour Paris sont achetés, ainsi que les allers simples pour Pointe à Pitre. L'optimisme règne dans la petite troupe. Chacun a son idée perso pour le resto...

Ils se veulent tous accueillants, conviviaux, chaleureux.

L'arrivée au Gosier où Maud a retenu des chambres, se fait par une chaude soirée de novembre. L'air est moite, pas une brise. Une cacophonie de coassements surprend tout le monde. C'est la petite musique de nuit des grenouilles antillaises... Il y a beaucoup de monde dans les rues, il est vingt-trois heures, heure locale.

Chaque couple rejoint sa chambre. Ils se retrouveront dans une heure pour une petite collation.

Maud et Manolò dans les bras l'un de l'autre savourent ce moment de solitude. Du balcon de leur chambre, une belle lune toute ronde les éclaire. Ils sont heureux. Maud se coule contre le corps souple et musclé de son amant, elle apprécie ce moment privilégié. Manolò est fier de sa Maud.

Un peu plus tard, ils rejoignent tout leur petit monde au bord de la piscine. Triomphante, elle sort une bouteille de champagne qu'elle a mise à glacer en catimini dès son arrivée. C'est l'explosion de joie.

Elle a réussi a faire bouger tout ces jeunes et leur donner des rêves. Après le voyage, la chaleur, le bain de minuit, le champagne, ils se quittent euphoriques mais fatigués.

Même si cette aventure venait à capoter, elle est heureuse de la tenter.

Ils se trouvèrent une énorme maison en pleine campagne, à quelques kilomètres de Saint-François. L'intéressant était les cinq chambres dont elle disposait. Un patio courait tout autour, des bougainvilliers aux couleurs luxuriantes ombrageaient les fenêtres des chambres. Un terrain inculte entourait la villa.

Manolò fit plusieurs fois le tour des mille mètres carrés, puis posa des repères pour ses plans de salade et de tomates. Il était à fond dans la préparation de son potager... Ou se serait cru revenu au dix-septième siècle, au temps des premiers colons. C'était amusant et émouvant à la fois, nous étions en mille neuf cent quatre-vingt sept !

Une fois la maison installée, les moustiquaires posées, les chambres astiquées, gare aux margouillats, seules bestioles dangereuses sur l'île, ils attaquèrent le restaurant.

Tout blanc, Maud le voulait tout blanc. Les hommes se mirent au travail. Tous les murs furent repeints en... blanc. La saison avait commencé et ils devaient impérativement ouvrir pour les fêtes de fin d'année. Le temps magnifique, la chaleur à son maximum en hiver, Saint-François étant situé à l'extrême bout de l'île papillon, recevait les alizés rafraîchissant l'air moite.

Il fallait donner un nom à ce petit joyau si bien agencé. Ce fut le « Mamitoo ». Une énorme enseigne fut érigée sur le fronton bien visible dès l'entrée du village et face au golf.

Ils achetèrent de vrais bananiers qui furent installés harmonieusement. Les nappes en madras posées sur les tables, de gros vases garnis de roses de porcelaine, d'oiseaux de paradis, d'arthuriens et de balisiers en gros bouquets illuminèrent la salle de leurs couleurs flamboyantes. Des paréos aux dessins fleuris avaient été tendus sur les murs. Entre les piliers de soutènement des hamacs bariolés attendaient les clients.

Maud tourbillonnait, virevoltait, au milieu de son restaurant, mettant une touche de gaieté par ici, une pointe de fantaisie par-là.

Elle était heureuse et son Mamour de plus en plus fier d'elle.

Puis les choses sérieuses commencèrent. Son gendre prit en main les clefs de la cuisine. Il s'occupa des achats, de la maintenance, des préparations culinaires et mit... des cadenas aux frigos !

C'était lui le chef, Maud le laissa agir à sa guise. Constantin faisait face.

La date d'ouverture fut fixée. Les prospectus inondèrent les réceptions d'hôtels et Fanfan se chargea de rabattre toutes ses connaissances...

Ce fut extraordinaire. Les « Zouks Machines », grandes amis de Fanfan vinrent un moment mettre l'ambiance.

Et pour zouker, cela zoukait ferme ! Maud sur son nuage antillais jubilait. Elle y était arrivée avec sa petite équipe. Les journées semblaient trop courtes pour tout le travail qui se présentait.

Constantin était le premier levé. Il tapait à la porte de Maud et partaient tous les deux acheter langoustes et poissons pris durant la nuit par les pêcheurs du village. La journée se continuait par mille et un travaux.

Le soir, la salle pleine, bruyante et colorée, embaumait d'odeurs de langoustes grillées, de curry, d'aromates de toutes sortes.

Les crustacés fleurissaient sur toutes les tables, délicieusement cuits par Constantin, arrangés par Maud avec des hibiscus cueillis juste devant la porte du « Mamitoo». Un vrai régal. Puis Yveline servait les plats applaudis et prise en photo par les touristes.

Noël et Jour de l'An passèrent. Les recettes furent bonnes. Heureusement car la cagnotte de Maud avait un peu fondue entre l'aménagement de la villa et de Mamitoo.

Yveline commençait à s'arrondir. Le climat dans son état lui ne convenait pas. La grossesse se passait bien, mais elle était très fatiguée. Un jour, elle annonça qu'elle n'accoucherait pas en Guadeloupe. Elle voulait rentrer en métropole et voir naître son fils là-bas.

Maud catastrophée, Yveline partie Constantin la suivrait... Il s'était bien adapté à la vie antillaise, était devenu le chef des accras, cuisinait des colombos pouvant rivaliser avec les meilleurs chefs locaux, sans parler de ses langoustes, le plus grand succès du restaurant.

Manolò faisait pousser force salades, tomates et aromates et Maud commençait à comprendre pourquoi les légumes coûtaient si chers aux Antilles, lorsqu'elle reçut la note de l'eau ! C'était une denrée de luxe sur les îles !

Tout était parfait, trop parfait.

Elle téléphonait souvent à Luce qui lui manquait beaucoup. Lou avait maintenant sept ans et allait avoir un petit frère.

Maud bondissait de joie, deux garçons d'un coup, un pour le mois de juin, l'autre pour le mois d'août.

On approchait de Pâques. Le temps se montrait toujours aussi radieux. Yveline venait de moins en moins au restaurant. Ses jambes avaient doublé avec la chaleur. Maud semblait comprendre que Constantin excellent cuisinier, ne semblait pas être un excellent époux !

Un matin le téléphone sonna très tôt. C'était Luce affolée.

Maman, assieds-toi, j'ai une nouvelle qui va te sidérer.

Mon Dieu le bébé ? tu es malade ? Lou a un problème ?

Rassure-toi, c'est encore pire ! Papa vient de m'appeler, il sera dans deux heures à Orly et à dix-sept heures il repart pour la Guadeloupe. Il veut se rendre compte de ton travail sur les îles.

Mais il est fou ! Nous sommes séparés légalement, il n'a pas le droit de venir mettre le nez et le reste dans ma vie actuelle.

Je sais, je sais. Je te préviens, car avec Manolò là-bas ! Et tu connais papa !!!...

Maud, épouvantée, ne voulait pas le recevoir. Elle savait qu'il passerait outre, s'imposerait, au pire serait violent.

Et Manolò comment lui dire ? Il n'allait rien comprendre.

Elle prit tout de même son courage à deux mains et lui annonça la mauvaise nouvelle.

Ecoute, tes parents te manquent, tu me l'as souvent dit, je préfère que tu ailles passer quelques jours auprès d'eux. Tu sais que tu es tout pour moi, toi et personne d'autre. Je t'en prie fais le pour nous.

Il lui caressa doucement la joue, ses doigts ébouriffant les mèches folles collées sur son front moite. Il plongea ses yeux profonds dans ceux de Maud et l'embrassa tendrement. Oui il lui faisait confiance, il partira quelques jours.

Vite elle téléphona à l'aéroport, retint une place Pointe-à-Pitre Nice pour le soir même et l'accompagna l'estomac tordu, la tête en révolution !

Les passagers de la métropole arrivaient sur un autre terminal. A travers la glace qui séparait arrivées et départs, elle vit passer Arthur, un petit bagage à la main... Pourquoi le harcelait-il de la sorte ?

Laissant Manolò sur un escalator, le cœur serré, elle récupéra Arthur de l'autre côté.

Je suis content de te revoir. Tu as une mine splendide et blablabla... et blablabla... !!

Je suis venu voir comment tu te sortais de ta folie !

Quelle folie ? J'ai un superbe restaurant. Je fais mes cent couverts chaque soir. Je n'ai besoin d'aucun contrôle de ta part. Je ne veux absolument pas de ta présence sur mon lieu de travail, ni ailleurs. Pas question que tu dormes à la villa, il n'y a pas de place pour toi.

Ne t'inquiète pas, je dormirai chez Fanfan.

Maud resta saisie un quart de seconde. Qu'elle était sotte ! Bien sûr... Fanfan... !

Il avait trouvé « une roue de secours ».

Elle dut le supporter tout un mois. Il dormait chez leur amie et dès le matin, se pointait au restaurant, allant, venant, discutant avec les clients.

Maud bouillait de rage. Comme toujours, il arrivait en « pays conquis ». Ne voulant faire aucun esclandre, elle rongeait son frein en silence.

Elle appelait Manolò tous les deux jours, n'arrivait pas à raccrocher le combiné, la note de téléphone allait être salée... Mais cela lui importait peu, il lui manquait tellement. Lui, ne comprenait pas que son mari reste si longtemps. Elle le rassurait et lui demandait de prendre patience. Ayant pris un billet fermé, il resta un mois complet. Le jour de son départ en lui disant au revoir, il lui glissa trois milles francs dans la main.

Tiens pour t'aider (!!), hier soir j'ai eu de la chance, le casino de Saint-François m'a fait gagner une somme rondelette.

Il se moquait d'elle, la rabaissait, l'humiliait avec ses billets jetés comme une aumône, alors qu'il lui avait subtilisé plus de cent briques entre le club, la fermette et l'appartement en Espagne. Maud était mortifiée. Mais à nouveau, elle se tut. Qu'il parte et disparaisse de sa vie pour toujours.

Le train-train repris à Saint-François. Yveline de plus en plus fatiguée inquiétait sa maman. Elle lui confia que Constantin devenait brutal. Elle désirait partir le plus vite possible. Elle habiterait le studio de Maud sur le même palier que Ginou et Clo-Clo et préviendrait Constantin le moment venu.

Maud sentait le bateau prendre l'eau. Il fallait qu'elle réagisse au plus vite. Manolò tardait à revenir ! Elle l'appela un midi. Mais il était aux abonnés absents... Elle insista en téléphonant chez ses parents. Ils ne l'avaient pas vu...

Quelque chose clochait. Toujours impulsive et allant au bout de ses idées, elle prit un billet-aller retour Pointe à Pitre – Nice.

Elle prévint tout son petit monde. Son absence serait de courte durée, huit jours pas un de plus. Ils furent tous étonnés, mais ne pipèrent mot. Elle semblait si résolue ! Les huit heures de vol lui parurent interminables. En arrivant à Nice, elle sauta dans un taxi, l'emmenant directement chez son Manolò.

Elle sonna. Dès qu'il la vit dans l'entrée, son sac pendu sur l'épaule, il resta coi !! Elle avait son petit air narquois qu'il connaissait très bien !!

Alors, on ne répond plus au téléphone ? On ne donne plus signe de vie ?

Il crut voir un fantôme ou rêver tout éveillé.

Que fais-tu là ?

« Si la montagne ne vient pas à toi, vas à la montagne », proverbe bouddhiste, tu connais ?... Alors me voila.

Il bégayait, tremblait, son visage défait n'arrivait pas à reprendre quelques couleurs. Il la serra fort et essaya de l'embrasser.

Stop.

Des explications Maud en voulait et elle en eut.

Je ne crois pas être fait pour vivre sur cette île. Toi, tu es pleine d'occupations, de responsabilités, je ne suis que le « prince Consort ». !

Et donc, tu m'abandonnes toi aussi ? Ecoute, je suis là pour une semaine. Je t'attendrai à l'aéroport dans huit jours, si tu ne viens pas, je comprendrai.

Elle tourna les talons. Elle ne l'avait pas vu depuis six semaines, mourrait d'envie de se blottir aux creux de ses bras. Elle voulait qu'il la câline, mais elle eut la force de claquer la porte.

Elle reprit son taxi et se réfugia dans son studio. Yveline était là, attendant sa « pondaison ». Elles furent heureuses de se retrouver. Sa fille avait énormément dégonflé. La chaleur de la côte d'Azur était plus acceptable que la moiteur antillaise.

Elle ramena Maud huit jours plus tard à l'aéroport. Cette dernière avait la tête sur ressort ! Elle essayait d'apercevoir Manolò.

Son nom avait déjà été appelé deux fois pour l'embarquement immédiat. Soudain elle le vit. Il courait du fond du couloir pour la rejoindre. Elle s'avança prête pour le rejoindre, mais s'arrêta net, pétrifiée, les jambes flageolantes. Il tenait dans sa main un énorme bouquet de roses rouges.

Il n'eut pas le temps de lui parler, elle lui arracha les fleurs, les jeta à terre et les piétina rageusement :

Tu n'es qu'un idiot. C'est toi qui perds quelques choses, pas moi. Adieu.

Elle avait assez joué les Pénélope durant vingt-cinq ans. Elle ne recommencerait pas ce petit jeu d'attente et peut-être de déception après la séparation. Elles s'engouffra sous le portillon électronique, se pressa à l'entrée de la porte « départ immédiat », et s'affala sur son fauteuil. Elle avait huit heures pour pleurer tout son saoul.

Elle continuerait le chemin qu'elle s'était tracé. Elle avait passé sept ans avec Manolò, elle avait besoin de changement.

L'arrivée se fit sous une pluie battante, mais chaude. La mousson pointait à l'horizon. Les cataractes qui se déversaient sur Maud, la réveillèrent. Elle pensa « un de perdu, dix de retrouvés »...

Tel fut l'épitaphe de Mamour. On tourne une page et on passe à autre chose

Chapitre 15

Au resto, la clientèle se faisait plus rare. L'époque des pluies arrivait. Les touristes commençaient à déserter ces îles paradisiaques.

Ils tournaient maintenant à cinquante couverts. Mais il y avait deux employés de moins : Yveline et Manolò.

Puis vint le tour de Constantin. L'accouchement était imminent. Il partit en laissant toutes les consignes à une cuisinière antillaise de renom : Honorine. Excellent chef, cuisine parfaite, mais rapidité... antillaise. Sa bonté faisait oublier sa lenteur.

Nénette, nouvelle serveuse, faisait fureur. Noire comme l'ébène, grassouillette, rondelette, poitrine généreuse, « bonda 2» bien cambré, toujours le sourire. Elle appela Maud « Mamitoo». Elle trouvait que cela lui allait bien.

Toutes deux devinrent très complices, puis très amies. Nénette était là pour la consoler en cas de coups durs ou pour la dérider en parlant créole en cas de solitude. C'était une amie modèle.

Nénette avait un amant. Il lui rendait visite toutes les semaines. Elle mettait sa plus belle robe au décolleté avantageux, son parfum entêtant embaumait tout le « Mamitoo». Maud enfilait son petit tablier blanc et les servait avec déférence.

Nénette : langoustes grillées, demi-rosé Tavel glacé. Doudou : tournedos à la crème, frites à la parisienne, demi bordeaux chaud !! C'était le rituel.

Et chaque fois la même joie pour Maud de voir « ses » deux amoureux au fond du resto, cachés derrière un bananier se bécotant avec délice.

C'était des petits bonheurs que Maud savourait, maintenant qu'elle se retrouvait seule.

Une après-midi sans client, Nénette lui demanda de l'accompagner chez son Doudou pour un petit coucou.

Elle l'emmena jusqu'à Sainte-Anne, la fit se garer devant une boutique de pompes funèbres.

Quoi ? Doudou est croque-mort ?

Oui, cela te gêne ?

Non, non, c'est.... Etonnant...

Elles entrèrent, déambulèrent au milieu de toutes sortes de cercueils : pour les riches, pour les pauvres, des urnes de toutes tailles trônaient sur des étagères pliant sous leurs poids.

Elles découvrirent Doudou poussant un petit roupillon dans un cercueil première classe, en ébène ! La tête de Maud devait payer car Nénette était écroulée de rire : Et oui ! C'est son coin favori pour la sieste !

Chapitre 16

Yveline eut un petit garçon : Achille, blond avec des grands yeux bleus pleins d'étoiles. Elle était folle de joie.

Je vais m'y consacrer entièrement et je ne reviendrai pas en Guadeloupe.

Ce fut le coup de grâce pour Maud. Maintenant elle était sûre de devoir se débrouiller toute seule.

Deux mois après, Lou eut un petit frère ! Hector. Des cheveux noirs bouclés et de grands yeux marrons coquins firent dire à Luce :

Il ressemble à son papi Arthur.

Maud pensa en son fort intérieur « pas pour tout j'espère ! ».

La voila avec trois petits enfants. Elle est très heureuse, mais à huit milles kilomètres d'eux. Pour l'instant impossible d'aller les voir en métropole. C'est l'été, il fait très chaud, la saison des pluies torrentielles et surtout la formation des cyclones.

Maud a une peur viscérale de l'eau. D'ailleurs sa claustrophobie sur l'île d'Ibiza est réapparue en Guadeloupe. Elle a tant de travail a assumer qu'elle met son mal en retrait. Elle doit s'occuper des langoustes chaque matin sur le port, debout à cinq heures trente. Constantin faisait cela très bien, Maud ne lui arrive pas à la cheville pour marchander. Elle se fait souvent rouler, elle assume... et les jours passent courts et longs à la fois !

Elle a des nouvelles d'Edmond, son pépère préféré. Il lui demande, la supplie de rentrer et lui propose à nouveau le mariage.

Mais c'est pour elle, comme si son père voulait l'épouser. ! Elle le calme et refuse. Ils seront amis, promis ! Et puis elle n'a pas encore dit oui pour divorcer. Arthur peste assez à ce sujet ! Elle en rit !!

Elle songe de plus en plus à rentrer en métropole. La Guadeloupe est la France. Donc, les mêmes charges, les mêmes impôts, les mêmes fiches surchargées de taxes et les mêmes soucis qu'elle rencontrait au club il y a dix ans... Elle commence à désenchanter. La saison touristique dure cinq mois. Il faut faire face aux sept mois restants avec dix couverts par soirée... La galère ! Les temps se font durs !

Là-dessus elle essuie une tempête tropicale. Sur l'échelle des ouragans, elle se situe juste avant le cyclone. Maud a la trouille de sa vie. Des rideaux de pluie tombent du ciel, qui peut être aussi bleu que plombé, noir et tourmenté. Les vents soufflants à plus de cent-vingt kilomètres à l'heure font voler les tôles des toits, panneaux publicitaires, poubelles renversées, arbres moins solides que d'autres, déracinés.

Honorine et Nénette habituées à ce genre de situation ont surélevé tous les frigos et les meubles. L'eau monte inexorablement.

Maud, toujours si pleine d'idées en d'autres circonstances, grimpe sur une table, pétrifiée. Accroupie, elle se tasse le plus possible pour ne pas chavirer sur cette mer qui l'entoure.

La mer dans son resto ! Elle rêve et va se réveiller de cet horrible cauchemar. Cela dura quatre jours pleins, puis le soleil revint, les petits oiseaux avec. Tout le monde se mit à la tâche.... Une chance leur toit avait tenu...

Son tas de ferraille bousculé par le vent avait échoué sur la terrasse, écrasant les hibiscus. Elle voyait les quatre roues tourner au rythme des dernières rafales, le toit trempant dans la terre boueuse.

Anéantie ! Elle était anéantie !

Comment réparer ces dégâts ? La voiture devait être inutilisable !

Doucement la nature reprit le dessus. L'eau descendait calmement. Maud descendit de sa table...

Ne t'inquiètes pas Mamitoo, on travaillera ce soir.

Ce soir ? Les clients ne sortiront pas dans cette gadoue, au milieu de ce chaos.

Ils sortiront. Nous avons l'habitude.

Et le soir, pieds nues, pataugeant ans dix centimètres d'eau, elles servirent trente couverts. Les clients s'amusaient pieds dans l'eau !

Maud n'appréciait pas du tout la situation.

Tout revint à la normale. Tout fut nettoyé. Les rues débarrassées des encombrants de toutes sortes, reprenaient vie.

Son tas de ferraille remis sur ses quatre roues toussota un peu, se cabra deux-trois fois et le moteur repartit. La carrosserie légèrement cabossée, sa voiture ressemblait à Choupette, la coccinelle de Walt Disney.

Maud eut si peur de cet ouragan, fit le bilan des dégâts et décida de toute abandonner. Elle partirait malgré les regrets des uns et des autres, dont Fanfan désolée de perdre son amie.

Elle eut le nez fin sur ce coup-là !! Trois mois après arrivait Hugo !! Non, non pas un homme qu'elle attendait ! Non! Mais le terrible cyclone Hugo qui dévasta entièrement la Guadeloupe, fit des morts, coupa routes et villes entres-elles.

Maud suivit son évolution par radio et télévision et remercia le ciel de lui avoir évité pareil cataclysme.

Chapitre 17

Elle reprit son petit studio, se remit aux petites annonces. Retour à la case départ. Elle ne regrettait pas cette expérience, riche en leçons de toutes sortes.

Elle eut des nouvelles d'Arthur. Il avait quitté Ibiza, vendu restaurant et appartement. Il comptait s'installer dans le sud marocain. Il lui proposait même de venir vivre avec lui !

Viens voir. Tu seras enchantée par ce pays. C'est comme notre Algérie, en cent fois mieux.

Il était fou, fou à lier.

Elle ne lui répondit même pas.

Deux mois après, il la harcelait de coup de fil, de lettres et lui mettait la pression pour leur divorce.

Il allait se marier ! Etait déjà baptisé... et s'appelait Karim !

Elle en resta sans réplique, suffoquée. Il se déplaça pour la conciliation. Ce fut dramatique. Il argua que Maud le trompait (!!), avec un plus jeune qu'elle de surcroît (!!), portant encore son nom, elle le déshonorait (!!!).

Alors là, il exagérait. Depuis le jour de son départ d'Espagne, elle portait son nom de jeune-fille. Elle en avait le droit étant séparée de corps. Elle ne pouvait en supporter davantage. Elle lui accorda sa liberté. Tous les torts furent pour lui. Le juge fut ferme sur cette décision, mais sans aucune pension.

Karim-Arthur s'arrangea en faisant remarquer qu'il travaillait à l'étranger comme pâtissier.

Débrouille-toi ma belle, lui décocha-t-il à la sortie du tribunal.

Royale ou idiote, elle lui rendit sur les marches du palais, son alliance et sa bague de fiançailles, bénies un 24 juin 1957, le tout dans le coffret vert d'origine que ne l'avait pas quitté durant toutes ces années.

Là, elle tournait définitivement le dos au passé. Elle souhaitait vraiment qu'il l'oublie. Sa triste expérience était derrière elle. Elle changeait de route. Manolò l'avait beaucoup aidée. Elle comprenait enfin qu'il existait autre chose dans la vie qu'Arthur... Elle entrait dans le club des quinquagénaires.

C'est fou ce que les femmes sont jeunes à tous les moments de leur vies. Cinquante ans ! Parfois elle se demande si elle est seule dans ce cas. Les femmes ne parlent pas de leur anniversaire. Maud a pourtant osé. Au milieu de tous ses amis, elle a soufflé joyeusement ses bougies.

En revanche autour d'elle, les femmes auraient plus volontiers montré leur petite culotte que leur carte d'identité. Ici, un maximum de « quinqua » (le mot est laid oui, mais le mot « chien » ne mord pas ?), sont enragés à ne pas dépasser quarante neuf ans.

Dans l'imagination de Maud, c'était le passage de la ligue chef-d'œuvre en péril, avec un ultime recours : les possibilités de travaux de restauration.

Le jour des ses cinquante ans, il pleuvait. Et bien, elle n'avait plus l'âge de se laisser ennuyer par un nuage. Elle a tenu parole. Sous cette boutade qui l'amuse, il y a une résolution importante : s'exercer à quitter son nombril, de l'œil !

Si Maud exagérait le goût de la plaisanterie, elle prétendrait en avoir soixante. Comme si on était jeune à soixante ans ! Démonstration par l'absurde : « jeune ». Le grand mot est lâché.

De nos jours, cesser d'être jeune, signifie entrer peu à peu dans un brouillard qui vous efface au regard des autres. Rester jeune à tout prix est le défi d'une société devenue intolérante. Il n'y a plus de vieux mais des... seniors. Maud a donc son âge. Un simple constat, cela lui paraît abstrait. Elle se sent bien, ne ressent rien, rien d'anormal.

De toute façon, elle en avait par-dessus la tête d'être jeune. Elle l'a été un temps fou (cinquante ans exactement), et cela n'a pas été facile tous les jours.

Elle ne va donc pas faire un chichi pour trois ou quinze rides ! Elle a atteint un âge royal. Celui des pleins pouvoirs de soi, sur soi.

Les doutes et les anxiétés attachés à cette période dite « critique » font partie des ragots. Il n'y a désormais pas plus de troubles physiques qu'il ne reste de Basses-Pyrénées. Les enfants partent... c'est dans la nature des choses. Quelques soucis avec Yveline qui a divorcé. La vie est difficile pour elle. Achille est un beau gamin de dix ans, mais elle doit s'en occuper toute seule.

Les hommes ? Bizarre, elle est devenue moins vulnérable et de plus en plus difficile. Ayant gardé son âme de midinette elle n'a pas perdu espoir de rencontrer « un plus », sur tous les plans, sans besoin de domination de l'un ou de l'autre.

« La vieillesse est la pire des épreuves, la plus dure, il faut la traverser pour la comprendre », ce raisonnement philosophique n'est pas de Maud mais d'un octogénaire... Sans oublier le grand « Charles » qui disait « La vieillesse es un grand naufrage ».

Brrr...Brrr... s'il faut naufrager, naufrageons. Mais il n'y a pas le feu. Maud a encore dix ans ou vingt ans magnifiques devant elle. Dans ce domaine, comme dans d'autres, les inégalités sont stupéfiantes.

On peut toujours s'efforcer d'être dans le clan des rescapés !

Chapitre 18

A nouveau, Maud a un grand désespoir. Sa petite Jane va très mal. Elle ne sait pas comment la consoler. Leurs coups de fils journaliers se terminent toujours par des larmes.

Jane l'appelle pour se rassurer. Elle veut voir la naissance de son petit-fils, son baptême. Mais elle est si mal ! Elle supporte des soins intensifs qui la laissent pantelante, épuisée, écrasée. Maud essaie de la distraire en lui contant des histoires « hards » ou une des ces amourettes du moment... Avant, elle raffolait des détails croustillants que lui débitait sa sœur aînée au téléphone.

Mais plus rien ne la fait même sourire, elle demande à Maud de venir passer quelques jours auprès d'elle. Elle ne se sent pas bien.

Un congé accordé et elle arrive à la clinique après cinq cent kilomètres de course folle sur l'autoroute.

Sa petite sœur au fond de son lit, lui crève le cœur. Elle ne parle plus. Seuls ses grands yeux bleus vivent. Ses beaux cheveux blonds ont disparus pour faire place à u crâne rasé plein de croix.

Elle se serre contre elle, la câline doucement, lui chante des comptines de leur enfance. Les paroles qu'elles fredonnaient toutes deux à Luc bébé, lui reviene sur les lèvres « tout doux m'aimant... tout doux m'aimant... ».

Cela ne veut rien dire. Cela n'a été enregistré par aucun chanteur... mais Jane ferme les yeux et s'assoupit trois minutes. Puis à nouveau ses yeux s'ouvrent plein de terreur. Que voit-elle ? Que ressent-elle ?

Maud reprend sa litanie « tout doux m'aimant... » en lui effleurant le dos de sa main aux veines toutes piquées. Jane se rendort... trois minutes. La souffrance est tellement insupportable qu'elle ouvre la bouche pour crier, mais aucun son ne sort. Maud s'allonge à côté d'elle et doucement sans la toucher vraiment, la prend dans ses bras. Elle s'endort à nouveau, un peu plus longuement, rassurée peut-être de sentir un corps chaud contre le sien. Maud serre les dents. Elle ne pleurera pas. Elle chantera au creux de l'oreille de sa petite Jane, le temps qu'il faudra.

Pourquoi elle ? Encore si jeune. Pourquoi cette injustice ? Pourquoi ce maudit crabe ?

Le dimanche passé, Maud est obligée de rentrer pour son travail. Elle ne peut se décoller de Jane.

Une femme de ménage entre :

Sortez madame, nous devons nettoyer la chambre. Ne vous inquiétez pas, nous surveillons votre maman...

Ma maman, ma maman ? C'est ma jeune sœur, s'entend-elle crier.

Elle sort pour pleure un bon coup. Anne arrive, prend le relais. Tout le monde entoure Jane. Son mari est anéanti. Il connaît la fin, il a été prévenu. Ses enfants, ses gendres, ne quittent pas leur « maman ». Son fils qu'elle voulait voir grandir, elle ne le verra jamais papa... Tout cela se lit dans ses yeux encore vifs et lucides.

Elle partira le lundi. Maud n'assistera pas à son départ. Elle n'est pas là de toute façon. Elle est partie rejoindre leur papa Dieu.

Sa vie reprend. Maud a le chagrin hargneux. Elle va profiter au maximum de la vie qui lui reste. Après tout, peut-être est-il là pour elle aussi, ce crabe sournois? Pourquoi y échapperait-elle ?

Elle sera sur tous les fronts et ne laissera pas passer un seul jour sans profiter de cette vie qui peut partir si vite.

Elle continuera d'être amoureuse et s'essaiera dans les championnats de Kama Sutra. Elle mettra un tigre dans son moteur interne. Elle tirera parti de tout. Elle veut encore l'amour passion, le meilleur lifting du monde. Etre désirée la transfigure.

Justement, elle vient de tomber amoureuse d'un homme qu'elle trouve merveilleux (comme d'hab !). Après tout de quoi se plaindrait-elle ? Elle est en vie. Elle ne craint plus rien, fait face à tout. Les jobs, elle en déniche toujours. Depuis la phrase fatidique d'Arthur, plus personne la nourrit, et cela depuis quinze ans déjà...

Elle est à nouveau amoureuse grâce... à Nice-Matin « petites annonces ». Elle ose aller au devant d'un homme, sortir avec lui et rentrer à des heures plus qu'indues... Jamais personne n'aurait pu imaginer pareil parcours pour Maud.

Une petite annonce, une réponse, une rencontre un soir... elle est invitée chez une amie. Elle propose à Albin d'y venir. Un peu réticent, il accepte finalement, laisse sa voiture en bord de mer... et les voila partis pour une soirée pleine de rires, de partage entre copains, comme cela se passe toujours chez Pat.

Son invité fut peu loquace. Il regardait, observait, attendait... la chute. Il n'y en eu point ! Chacun reprit son véhicule, se promettant de se revoir très vite.

Maud le ramena à son point de départ, descendit pour lui dire au revoir et la voila soulevée sans mal par ce colosse qui lui roule un patin langoureux. Puis du haut de son mètre quatre vingt cinq face au mètre soixante de Maud, il n'a aucun mal a la prendre sans ses bras. Il se dirige vers la mer, tout habillé, tout chaussé... Maud rit, s'amuse, il va s'arrêter au bord de l'eau... Que nenni ! Il entre dans les vaguelettes lentement, mais sûrement :

Ma montre ! Ma montre ! Je suis habillée !

Je le sais bien. Je désirais simplement marquer notre rencontre d'un souvenir inoubliable : un bain tout habillé. D'accord ou pas ?

Pas d'accord. Je veux sortir, braie-t-elle. J'ai peur de l'eau !

A contre cœur il fait demi-tour. Ses chaussures font « clap-clap ». Un immense sourire illumine son visage. Il dépose délicatement son fardeau devant la voiture.

Et voila comment débuta une histoire d'amour qui dura huit ans, entre deux êtres souffrant du mal d'aimer !

L'amour ne souffre pas de compromis et n'admet pas de dilettantisme. Rien n'est jamais acquis en la matière. L'amour n'est pas marmoréen, on doit s'y appliquer comme à la continuation d'une œuvre.

Au fond, si Maud était sérieuse, elle ne dirait jamais « je t'aime », avant d'avoir mérité de faire pareil déclaration. Dans l'absolu, tout être devrait attendre le soir de l'existence et prendre congé de l'autre en murmurant « je t'ai aimé ».

Amour toujours, la rime n'a rien de moderne. Pourtant, elle n'a jamais vu un couple à sa naissance, imaginant qu'il se dissociera un jour. Ce n'est pas qu'il refuse la flamme de Maud, ce partenaire tiède, ni qu'il accepte son ardeur pour un quelconque intérêt. Il ne se moque pas d'elle. Il se laisse simplement porter.

Albin l'affectionne, la préfère, mais la transcendance ne l'atteint pas. Elle ne l'ignore pas. Le « tu ne m'as jamais aimé » des scènes de boulevard, risque d'avoir sa raison d'être ! Mieux vaut en pareille circonstance se dispenser d'un tel constat.

L'AUTRE se rend-il compte qu'il ne l'aime pas complètement ? A quoi bon s'éclairer ? Elle évite de penser à ce navrant décalage. Cela faisait trop mal.

Maud se sent de taille à se dépenser pour deux. Elle conserve d'ailleurs l'espoir... de provoquer chez celui-ci la conversation révélatrice, qu'il sorte de sa torpeur « je t'aimais, mais je ne le savais pas ».

Seraient-ils des bêtas, ceux qui assument l'amour en solitaire ? Maud en ferait-elle partie ? Que non ! Ils aiment et non aucune alternative. Généralement ils se trouvent récompensés. Pourquoi redouter systématiquement une rivalité voleuse ? Qui dit que l'AUTRE aspire à ce grand amour là ? Il aime bien. Il est content. Son côté jouissif est satisfait. Certains êtres sont faits pour être aimés et pour chérir... au ras du sol. Tout le monde n'est pas doué comme Maud pour la haute voltige !

Peut-être l'aimante gagnera-t-elle dans cette affaire un attachement inébranlable, une renonciation tranquille aux vaines tentations, l'illusion quasiment nulle que son amour est partagé.

Il est possible parfois de modifier la réalité... Il vient rarement à l'esprit de Maud que l'AUTRE est trop anxieux pour exhiber ainsi son cœur face à elle. Il lui semble toujours si discret.

Elle est sûre qu'il ne l'entend pas ! Et pourtant, il demeure, lui apporte son livre sans qu'elle le lui ait demandé. Il devine, se souvient, le courtise lorsqu'elle est fatiguée, démunie, lui offre des flacons et des flacons de « 5 de Chanel », qu'elle empile religieusement dans son réfrigérateur ! Il lui parait néanmoins qu'Albin s'échappe, se tait, butine sa présence avec désinvolture.

Hors la messe érotique, l'aime-t-il ? Maud quête ses rares paroles (!!). Elle prépare des fêtes, guette ses désirs, officie dans les draps et ne sait quoi faire pour lui inventer des bonheurs. Elle se moule dans ce qu'elle croît être ses impératifs et un soir, il ose.... Il ose un doute ! L'aime-t-elle vraiment ?

La vérité est, qu'en proie à l'amour, on n'a pas le toupet de croire qu'on est aimé ! C'est très bien ainsi. On ne ferait plus d'effort sinon. Le chemin s'arrêterait...

L'amour est tout sauf prétentieux. Il interroge, prudent, timide, superstitieux... de sorte que lorsqu'on aime réciproquement, il y en a toujours un qui aime plus que l'autre... dans l'esprit de chacun !

Albin semble se laisser faire. Il est bien. Il est d'accord pour partir quelques jours dans les Landes pour une cure thermale. Il a décidé fortement poussé par Maud, d'arrêter ses cigares puants et empestant son entourage.

Il y arrive. Il ne fume plus après avoir piétiné son paquet de cigarillos devant l'entrée du centre de thalasso. Cela devient un bon nounours à câliner. Il grossit de quinze kilos !!

Comme Maud lui a souvent narré son épisode « Antilles », il lui offre une magnifique surprise en lui apportant deux billets pour un séjour en Guadeloupe.
Il fait la connaissance de Fanfan. Celle-ci l'adopte illico le trouvant beaucoup plus mature que Manolò !

Mais ils ont le même âge ! Rétorque Maud.

Ah bon ! Dix ans de moins que toi ??

Un peu plus tard, il l'emmène en Ardèche pour cueillir des champignons, Maud lui ayant confié qu'elle faisait des cueillettes de cèpes éblouissantes avec sa belle-sœur préférée.

Lui qui est rarement sorti de son trou, trouve un équilibre en Maud. L'essentiel pour Albin est de croire en la vie avec elle autrement que ce qu'il a connu auparavant. Car il a la trouille de toute recommencer. Sa philosophie est donc : « méfiance et encore méfiance « , « ne donnons pas trop pour faire croire que... », « Nous serions disposé à recommencer... ».

Mais elle sait qu'il a changé à son contact. Il a évolué, s'est ouvert aux autres et se laisse aller maintenant à en débordement d'idées et de situations, chose impossible deux ou trois ans avant.

Un matin de juillet, il débarque tout fringant :

Habille-toi, nous partons !

Où ? A la mer ? A la montagne ? Au Brésil ? En Alaska ?

Une petite valise légère suffira. N'oublie pas tes papiers d'identité.

Et les voila en route. Albin jubile, mais secret réserve sa surprise.

L'autoroute, direction l'Italie, puis arrivé sur l'Adriatique et Venise. Un rêve !
Maud n'y croit pas !

Une semaine d'enchantement, au retour visite des lacs italiens de... Côme, de Garde, et le plus romantique le lac Majeur. Une féerie. Maud remonte sur son petit nuage rose...

Tout à une fin, même les plus beaux amours. Un jour, il disparut, s'enferma dans sa maison, cloua le bec à son téléphone, coupa le répondeur et Maud fit une déprime.

Et oui ! Divorcé, séparé... attention blessure fraîche. Evidemment, il vaudrait mieux tomber sur un vierge de casier matrimonial, sans passé et surtout sans enfants.

Albin avait gardé sa maison. Il dormait en fœtus sur un canapé sans draps, enfilé dans un duvet... exit la chambre à coucher nuptiale où il rêvait de fantômes, entendait des voix, se cognait aux souvenirs ! Maud le saura.

Le plus important dans une rencontre : le passé de l'autre. Savoir ce qu'il vient de traverser pour se retrouver seul et libre dans ses bras.

Le divorcé qu'elle venait de perdre, avait une pathologie lourde et un livret de famille pesant une tonne.

Alors là, elle fait quoi ?

Autant dire que pour l'instant dans sa tête, elle n'a pas l'air de beaucoup exister... ou mal.

A la fois passe-muraille et souffre-douleur, seules les accros réchappent de cette situation. Pat, son amie très chère, lui dit avec raison :

- Tu tables sur quelqu'un en pleine crise. Tu ne sais pas s'il est attaché à toi parce que tu lui plais ou s'il a besoin de toi pour oublier son passé.

Elle a raison.

Il n'y a rien d'autre à faire, sauf... s'y faire !

Angoisse autour d'un téléphone muet, contact d'un oreiller que ne remplace pas la douceur d'un épaule absente, nœud au fond de la gorge, tremblement de terre sous les pieds qui donne le vertige.

C'est tout cela son chagrin d'amour. Cela bouleverse brutalement l'essentiel de la vie.

Jusque là, elle existait dans les yeux de l'autre. Elle y était belle et aimée. Tout d'un coup, sans lui, elle n'est plus rien.

Elle l'appelle, murmure son prénom, sanglote dans le noir. Finalement elle se love sous sa couette en ne pensant plus qu'à des tonnes de chocolats ou pis encore... des litres de vodka glacée.

Pendant ce temps, les amis affirment, Janine en tête :

Tiens bon ! Le chagrin d'amour c'est comme la rubéole, on ne peut rien y faire. Il faut que cela passe.

Facile à dire.

Un jour immanquablement, Maud reprend le dessus. Lasse d'avoir raconté cent fois son histoire à ses amis, elle finit par ne plus supporter de passer pour une sinistrée !!

C'est là qu'elle retourne faire les boutiques, se cale devant une toile hilarante. Puis doucement, retrouve le chemin de son coiffeur, de son esthéticienne et dans la foulée, les numéros de téléphone de tous ses copains, pour un restau sympa.

Elle est proche du salut.

Attention, la phrase fatidique et bénéfique n'est pas loin...

Dire qu'elle a voulu mourir (enfin presque...) pour un mec qui n'était même pas son genre !!!

Une nouvelle proposition de travail arrive juste à ce moment là. Maud part en Suisse, puis aux Canaries, revient en France.

Ses occupations intéressantes la font passer et penser à autre chose. Elle est toujours entre deux valises.

Elle se transforme, fréquente des personnes renommées qui la valorisent et, qui bien étant à leur service, cela devient des amis.

Elle a mis son cœur en « stand by ».

Elle apprend la mort de Fanfan. Le maudit crabe a encore frappé.

Elle est triste.

La vie continue. Les semaines, les mois passent. Ses petits enfants grandissent. Lou est en fac, c'est une artiste, ses tableaux commencent à se vendre. Maud est fière d'elle.

A nouveau, elle tombe en amour. Mais il ne le saura pas. Il devra le deviner. Elle attendra qu'il se découvre et se dévoile.

Maud sait maintenant qu'elle a changé, évolué. Elle est différente. Sa transformation fut longue, ardue, mais bénéfique. Il n'y a pas d'âge pour aimer.

Il a quinze ans de moins qu'elle ! Et alors ? Où est le problème ? C'est dans ses habitudes.

Il est libre, sans femme a qui s'accrocher, des enfants adultes. Il ne vit pas fœtus. Elle connaît sa chambre. Et oui ! Mais il ne s'est encore rien passé, bien que... elle ne désespère pas.

Sa vie est loin d'avoir été un long fleuve tranquille. Mais son changement est opéré.

La chenille dans son cocon de soie est devenue chrysalide, et la voila papillon, prête à prendre son essor.

Son évolution et sa transformation achevées, elle aspire à une vie tranquille, elle y arrivera, car elle a encore tout à donner et tout à recevoir....

...Et plus question d'entreprendre un tapis, Pénélope, c'est vraiment terminé.

Epilogue

L'amour peut devenir une obsession au point de terminer un jour chez les fous. Il peut se contrôler. Maud n'a jamais été obsédée par Arthur... Déjà à dix-huit ans, elle ne voulait plus de lui. Seule l'obéissance envers ses parents et l'éducation du moment fut que le mariage eut lieu.

Avec Manolò, elle s'est découverte femme et non-servante d'un homme. Il lui a permis le passage d'une mentalité servile à un rôle d'amante. Mais avec l'aide d'Albin, c'était un grand amour obsessionnel. Le pire de tout. Elle n'arrivait plus à se contrôler. Elle le poursuivait, le pourchassait, cherchait auprès d'amis en communs ce qu'il faisait, où il se trouvait.

Maintenant elle regardait d'un œil septique ses amis en couple. Cette déception amoureuse l'avait terriblement fait souffrir.

Pourtant, elle n'arrivait pas à rester seule sans partager, sans donner, sans recevoir. L'amour vrai est une chose rare, si rare. Elle courait derrière depuis quarante ans. Les années passent inexorablement.

Elle pense à ce point à l'horizon. Un tout petit nuage bleu, elle le chevauche, elle n'est plus seule.

Elle saura encore aimer, donner et recevoir.

© 2013, Malassis
Edition : BoD - Books on Demand
12/14 rond-point des Champs Elysées
75008 Paris
Imprimé par BoD – Books on Demand, Norderstedt, Allemagne
ISBN : 9782322033263
Dépôt légal : Novembre 2013